引爆趨勢

小改變如何引發大流行

麥爾坎·葛拉威爾——著　　齊思賢——譯

THE TIPPING POINT

HOW LITTLE THINGS CAN MAKE A BIG DIFFERENCE

MALCOLM GLADWELL

Contents

各界讚譽

簡單行事，走捷徑，小動作就有大轉變

重讀葛拉威爾經典之作《引爆趨勢》仍讓人大呼過癮，他自言是一個喜歡「談論一些稀鬆平常，甚至是蠢的可以的事物。」

他談的問題其實一點都不蠢，這位「隱遁的觀察者」的文字調性像極了早年詹宏志先生在《城市人》一書裡那種怡然自得的喃喃自語，卻又精準地直指事物核心，比任何一種說法都多了一股有系統的拆解力道。

本書利用流行病學家對於感染性事物如何傳播的見解，據此解釋社會上的流行風潮。作者指出引爆點的核心觀念就是：轉變可能在一夕之間發生（不是漸變，而是驟變）。

他舉九〇年代巴爾的摩市的梅毒大流行為例，許多專家的看法都比較傾向自然發展，歸咎於毒品氾濫肆虐、醫療體系縮編、都更導致住民流竄等，他以流行病三大因子（宿主、病原

與環境）為發想，提出引爆點的三大原則為：少數原則、定著因素及環境力量，據此拆解大流行。

少數原則：

此觀念最早是由帕雷托提出的二八法則，又稱關鍵少數（講 keyman 可能讀者更容易理解）：大部分財富是由極少數人掌握，大部分的工作是由極少數人完成。

作者引用流病學家帕特瑞特（對巴爾的摩市跟科羅拉多市的性病流行都頗有研究）之言，分析科羅拉多市的淋病大流行中有半數病例來自僅占六％人口的四個地區，而這六％人口中有一半都在六間酒吧遛達，他繼續訪查這七百六十八人，發現其中一百六十八人曾傳染淋病給二到五個人，其他六百人只傳染給一個人或沒有傳染給別人，也就是說，那一百六十八人就是淋病大流行的 keymen。

據此延伸的觀點是：流行風潮散布的方式也和流行病一樣，都是一小撮人使力的結果，不是隨機抽取的一小撮人，是一個或一群 keyman。

定著因素：

定著代表這則訊息發生作用，它留在你的腦海，揮之不去。

巴爾的摩市政府醫療預算充足時，感染梅毒之人，大部分在傳染給別人之前就獲得治療，但市政府刪減醫療預算後（砍一半醫師名額，刪減助手，沒錢升級電腦，門診人次只剩一半），帶原者沒有被及時治療，便有更多的機會傳染給別人。

作者以流行病會「定著」在人身上，去解釋引爆點的三原則之一。他舉當時暢銷香菸品牌雲絲頓的標語為例：Winston tastes good like a cigarette should，如果你對美國人說Winston tastes good，大批人會反射性地回你：like a cigarette should，這就是一句成功的定著廣告詞，雲絲頓這個香菸商品因此更容易定著在消費者身上。

華人世界知名的定著廣告詞是：「鑽石恆久遠，一顆永流傳」，而香港也有一則知名的定著廣告詞，由已故才子黃霑為軒尼詩寫下的：「人頭馬一開，好事自然來。」

環境力量：

性病專家曾尼曼把市立治療所的性病患者的地址登錄到電腦上，病例在市區地圖上以一個個黑點呈現，夏天時，巴爾的摩市東、西兩區對外道路上的黑色星號相對較密集，但到了冬天，兩個地區黑色星號都減少，因為天冷時，居民比較傾向留在家中，比較不會前往酒吧或俱樂部，因此隨機性行為下降了很多。

季節性因素，對梅毒的流行與否，就是一種環境力量。

本書的精彩之處，就在於以三大原則支持的引爆點之說，足以套在其他難以解釋的狀況和各種流行風潮上，諸如美國獨立戰爭的導火線、紐約市陡降的犯罪率以及超級暢銷書《雅雅姊妹會的超凡祕密》的暢銷之道。

賽門西奈克畫出爆紅的黃金圈，而葛拉威爾拆解了引爆點，他說服我們：「有時候我們需要簡單行事，走捷徑，小動作就有大轉變。」

——楊斯棓／方寸管顧首席顧問、醫師

個人品牌的絕佳公式

你想打造個人品牌嗎？

普普藝術大師安迪沃荷曾說：「在未來，每個人都有機會成名十五分鐘。」在網路普及的年代，成名的機會更是大幅增加，以下新聞標題你一定不陌生：「某某網友一夕爆紅」、「某專業懶人包瘋傳」、「萌樣喵星人影片短短兩天破百萬瀏覽」等，這是因為創作與傳播的門檻大幅降低，被大眾看見的機率提升，爆紅再也不那麼遙不可及。

這導致個人品牌的概念在這幾年非常流行，但想做的人多，能被看見進而創造趨勢的人卻很少，為什麼？

當中的差別，就在於你的東西有沒有人看到，看到的人喜不喜歡，會不會幫你傳播出去，而究竟該怎麼做才能達到這些效果？除了單純靠運氣之外，建議實踐以下公式：

個人品牌＝洞察＋嘗試＋培養

洞察：請分析自己有什麼內容可以產出，你的專業、經驗、觀點，都可能是引爆趨勢的機會。找到創作的方向，產出有價值的作品，就是能被看見的基礎，但有產出還不夠，我們還要思考：「該被誰看見？」

說起來很現實，但如同八二法則所說，八〇％的傳播效果其實是掌握在二〇％的人手中。舉例來說，當你在 Facebook 發文，其實一開始不會出現在每個人的臉書上，系統會先給你好友名單中的二〇％人看，當他們對你的貼文有很高的回應，系統才會將這則貼文繼續發送給別人看。因此無論是社交媒體或現實生活，我們的目標，就是讓自己被這二〇％的人看見。

但究竟是哪些人呢？作者已經給了我們答案，就是連結者、專家、推銷員，如果你能找出這些人，你就已經踏出成功的第一步。

嘗試：找出哪種題材與表現形式最能讓這二〇%的人喜歡，找出定著因素才能讓你的東西傳播出去。例如你今天要談教學，你可以寫文章、做圖文懶人包、錄音、直播、拍短片，內容可以是時事評論、經驗分享、技巧傳授等，把你的專業當核心，披上讓人喜愛的外衣，被看見的機率就會更加提升。

培養：當你開始被看見時，請記得要培養鐵粉團體，善用團體的歸屬感，可以讓傳播的力道更強勁，許多的讀書會、課程社團、後援會等，都是利用環境力量將粉絲轉變成鐵粉，讓大家的黏著度更高。打造你自己的粉絲團，給予尊榮感與歸屬感，你的傳播力將更銳不可擋。

最後，請注意別將個人品牌變成煙火，只有一瞬間的燦爛。我們要做的是搭建燈塔，利用洞察、嘗試、培養，持續累積作品與知名度，讓個人品牌不斷發光，而這本《引爆趨勢》當中所提到的三大原則，能讓我們少走很多冤枉路。

要記得，小眾並不小，重點在於能不能找到這個小眾。祝福你能找到你的小眾，並且引爆專屬你的趨勢！

——林長揚／企業課程培訓師、暢銷作家

及早掌握趨勢，做出聰明的決策與行動

近來飽受新冠肺炎疫情肆虐的影響，可說是百業蕭條、聞瘟色變，特別是金融、旅遊與餐飲等民生相關的產業首當其衝，業績受到嚴重的波及而出現斷崖式的下滑。此外，更有許多公司為求止血，除了積極管控各項開銷，甚至被迫開始讓員工放無薪假；但正所謂「危機就是轉機」，如果企業界能夠藉此盤點好資源、穩定現金流並進行數位轉型，不僅能夠度過難關，也不啻為一個不錯的契機。

在這個時間點重新拜讀《引爆趨勢》，感覺格外有意義。這也連帶讓我想起，就在春寒料峭的三月天，我和一群創業家朋友造訪位於基隆的某家電子公司。在這家車用配線大廠的廠辦園區裡，可以看到三三兩兩的作業員正在生產線上忙碌著，乍看之下，似乎跟其他科技公司並沒有什麼太大的差別？

但如同鴻海集團前董事長郭台銘的名言：「魔鬼藏在細節裡」，從該公司偌大的儀表板上，可以清楚地看到即時的作業流程與生產動能，也充分展現出「工業4.0」的實踐精神。

該公司以生產配線起家，近年來積極跨入儀表及機電整合系統等電裝產品的研發，如今已獲得全球眾多大廠的指名合作，儼然是相關領域的隱形冠軍。探究其成功原因，除了有賴全體員工一步一腳印的努力之外，經營團隊能夠掌握市場脈動與趨勢，從原本車用線束的生產，逐

步切入農機、建機、產機與兩輪機等高附加價值的全球商用市場，自然也是致勝關鍵之一。

參訪這家隱形冠軍企業的經驗，不禁讓我聯想起麥爾坎．葛拉威爾所撰寫的《引爆趨勢》這本暢銷書。《引爆趨勢》曾經蟬聯《紐約時報》暢銷榜達四百二十五週之久，無疑是一本經典好書，即便問世已有二十年之久，但我每次閱讀的時候仍有不同的收穫。

拜此書所賜，讓我深刻地感受到——一個平常看起來微不足道的觀念或訊息，卻可能像空氣中看不見的病毒一樣，在達到「引爆點」的關鍵瞬間蔓延開來，甚至逆轉形勢。

無論您是企業經營者抑或一般上班族，如果您也希望能夠及早掌握趨勢，在工作或生活的範疇中做出聰明的決策與行動，我很樂意向您推薦《引爆趨勢》這本好書。我相信，這本書不但能夠帶給您閱讀的樂趣，更可以啟迪商業智慧。

最後，我也在此祝福大家！願歲月靜好、現世安穩。

——鄭緯筌／《內容感動行銷》作者、「內容駭客」與「做最棒的自己」網站創辦人

人人都在預測未來，人人都想比別人更早掌握未來，甚至在這當中捕捉到可能的財富。葛拉威爾的《引爆趨勢》從公共衛生流行病學的角度出發，在這領域又跨出了一大步。

——王浩威／精神科醫師、暢銷作家

對偉大的威爾森（Edmund Wilson）的所有讚美，也適用於本書作者葛拉威爾：他讓坐而言的觀念變成起而行的行動。本書令人愛不釋卷，書中提出的觀念應該會影響所有喜歡思考的人，以全新方式看待這個世界。

——麥克・路易士 Michael Lewis／《老千騙局》、《魔球》、《大賣空》作者

一本既時髦又帶來希望的書，正如書中形容的概念一樣簡單明瞭且典雅優美，卻也充滿社會力。凡是關心社會如何運用、人類如何改良社會的人，都應該閱讀本書。

——史狄芬諾波洛斯 George Stephanopoulos／美國廣播公司 ABC 首席政治記者

能夠改變你看待所有事物方式的書不多，《引爆趨勢》是其中之一。書中解釋人類各種行為的原因，作者葛拉威爾都以聰明智慧一一為讀者釋疑。

——托賓 Jeffrey Toobin／CNN 資深法律分析師

時下輿論正在檢討犯罪及失序的成因，以及應該如何改進，本書提出重要的觀念，是必讀之作。

——布萊頓 William Bratton／紐約市警察局長

葛拉威爾在《引爆趨勢》提出一個打動人心且切實可行的理論。他研究書中各項主題的方式是本書最誘人之處——點出能夠造成大轉變的小動作。

——《紐約時報》（*The New York Times*）

就像在製造某種傳言，你很難不被葛拉威爾說服。不僅因為他集結了吸引人的事實來支持他的論調，他也善於以此解釋人類行為。

——《商業週刊》（*Business Week*）

這是一本能讓你以不同觀點看世界的迷人之書。

——《財星雜誌》（*Fortune*）

沒有一個人像葛拉威爾這樣，以如此優雅或具影響力的方式，成為商業思想的領導者。

——《快速企業》（*Fast Company*）

本書被作者滿腔的好奇心所推動，葛拉威爾使複雜的理論化成清晰、優雅的文字，帶領讀者在不同的領域中持續地律動。

——《舊金山紀事報》（*San Francisco Chronicle*）

引人入勝的報告，極有價值！

——《芝加哥論壇報》（*Chicago Tribune*）

非常值得一讀！

——《西雅圖時報》（*Seattle Times*）

導讀
你不能不認識的當代大師——葛拉威爾

齊立文／《經理人月刊》總編輯

「近期內記憶所及，沒有一個人像葛拉威爾這樣，以如此優雅或具影響力的方式，成為商業思想的領導者。」《快速企業》（*Fast Company*）雜誌在二〇〇五年一月號的封面故事裡，這樣描述麥爾坎・葛拉威爾。

第一本書《引爆趨勢》推出後，葛拉威爾瞬間成為商業界爭相約聘的顧問、行銷人員眼中的行銷之神。顧問公司埃森哲（Accenture）於二〇〇三年進行的「五十大商業大師」調查中，葛拉威爾更是高居二十七名，排在傑克・威爾許（三十四名）與大前研一（三十九名）之前。除了被《快速企業》譽為「二十一世紀的彼得・杜拉克」之外，網路雜誌《沙龍》（*Salon*）也稱他為「當代的新大師」。

意料外的暢銷書作家

葛拉威爾何許人也？葛拉威爾目前是《紐約客》（*The New Yorker*）雜誌的撰述委員，是少數記者出身的當代大師之一。有趣的是，葛拉威爾的父親曾經告訴他，有一行千萬不能做，那就是記者，因為賺不了錢。結果，葛拉威爾成了記者，還賺了很多錢。

從多倫多大學歷史系畢業後，葛拉威爾曾試過要進廣告業，卻慘遭二十一家公司回絕。處處碰壁之下，終於有了機會，即保守的《美國旁觀者》（*The American Spectator*）雜誌，不過他根本不知道那本雜誌在做什麼。該雜誌後來開除了葛拉威爾，根據他自己的說法，可能是因為他太常睡過頭了。

葛拉威爾的下一份工作是在《華盛頓郵報》（*The Washington Post*），從主跑商業線，換到科學和醫學線，直至升任該報紐約分社主任。在郵報工作了九年後，葛拉威爾於一九九六年加入《紐約客》至今，撰寫的文章橫跨多個領域。

雖然年少時就著迷於文字，但葛拉威爾從沒想過有人能靠寫作為生。孰料，他在二〇〇〇年出版的《引爆趨勢》，光是預付版稅就高達七位數，全美銷售量迄今已逾兩百萬冊。葛拉威爾接受CNN新聞網站專訪時曾表示，「那種感覺很怪，選擇寫作這一行，是因為你安於匿名性。你所寫的報導，就是報導而已，跟本人無關。一切都不是我能預期的。」

《引爆趨勢》推出後，葛拉威爾寫文章的手上多了麥克風，寫作時間也得分攤給每年大約逾三十場的演講，每場價碼約四萬五千美元。不光是大企業熱中於應用他所提出的觀點，就連商學院也以他的書和他在《紐約客》上的文章，做為課堂上的必讀教材。

葛拉威爾在二〇〇一年接受美國《商業週刊》（*Business Week*）專訪時表示，對於書籍的暢銷，他大感意外，他還記得，出版商和他根本沒想過那會是商業書，他們所想的是心理學或科學類。不過，葛拉威爾無比的影響力，卻是在商業界感受最強烈。星巴克創辦人舒茲（Howard Schultz）就將自己公司的成功歸因於「引爆點現象」。

揭開風潮背後的神祕性與複雜性

《引爆趨勢》的核心概念是「引爆點」，意指數量已達關鍵水準、跨越門檻、達到沸點。應用在真實世界裡，就是觀念、產品、訊息及行為的傳染散播模式，如同「病毒」一般。葛拉威爾在書中列舉了無數精彩案例，說明流行趨勢的引爆點。

以 Hush Puppies 為例，一九九四年底到一九九五年初就是這個休閒鞋品牌的引爆點：從原本的乏人問津，到一九九五年狂賣四十五萬雙，到最後幾乎美國年輕男子人腳一雙。葛拉威爾想探討的是，為什麼有些觀念、趨勢及訊息能夠異軍突起、迅速竄紅，有些則否，當中的關鍵因素何在？

讓葛拉威爾興起《引爆趨勢》創作動機的關鍵，是他發表在《紐約客》一篇有關犯罪率的文章。一九七〇年代起，紐約市平均每年達六十五萬件的犯罪率，到一九九二年突然驟減，是什麼原因導致治安變好？為了找尋答案，葛拉威爾轉向流行病學，利用流行病學家對於具感染性的事物是如何傳播散布的精闢見解，解釋社會上的流行風潮與現象。

不過，這並非葛拉威爾的創見，早在十餘年前，美國疾病管制中心就已經把犯罪當成是疾病的一種類型，率先將流行病學的概念用在打擊犯罪上。葛拉威爾說，借用流行病學的概念來解釋社會趨勢，最讓他感興趣的是：揭開風潮背後的神祕性與複雜性。由於在眾多產品與訊息中，能夠脫穎而出的，通常都有「不可預測性」這個共同點，《引爆趨勢》的價值，便在於試圖去分析成功創造風潮背後的關鍵因素。

一個隱遁的觀察者，看見別人所看不到的

《就是這個IDEA！》（*What's the Big Idea*）一書將管理大師歸納為商學院學者、顧問、實務經理人和記者等四種背景，其中記者出身的大師屈指可數，葛拉威爾就是其一。書中指出，

大師無須參與商業與管理觀念的創建，他們主要的貢獻是將觀念具體呈現出來，賦予觀念一個好的架構，並加以組合、包裝與傳播。哥倫比亞商學院組織行為學副教授弗林（Frank Flynn）則說，「葛拉威爾的天賦在於把觀念包裝得非常具可讀性。他的角色，就像是學界與實務界的傳譯員。」

不過，葛拉威爾認為自己既不是市場專家、連結者、銷售員，也稱不上大師或顧問。相反地，他自認是一個「隱遁的觀察者」，對於系統（或制度）的運作方式深感興趣。他喜歡談論一些稀鬆平常，甚至是「蠢得可以」的事物，如休旅車、購物中心、番茄醬等。他自忖只是提供「智識架構」的人。他說：「我只是想激起人們的對話，他們可以覺得對話內容很有趣、很無聊、或是毫無道理。」

（本文節錄自《經理人月刊》）

緒論

流行的開端

Introduction

在特定的流行風潮中，
萬物都能在一夕之間改頭換面，
我們把這種時刻稱為「引爆點」。

一九九五年初，是美國經典麂皮休閒鞋 Hush Puppies 由黑翻紅的引爆點。這個廠牌的鞋子原本已被消費者打入冷宮，卻在這段時間裡鹹魚翻身。之前每年只能賣出將近三萬雙，而且販售地點都在偏遠地區或小鎮裡的雜貨店。就在廠商華佛林（Wolverine）公司考慮要逐步停產這曾讓他們一炮而紅的鞋款時，突然發生一件怪事。公司的兩位高層主管巴克斯特（Owen Baxter）及路易士（Geoffrey Lewis）在時裝秀遇到一位來自紐約的造型師，他告訴他們，Hush Puppies 的經典鞋款在曼哈頓市中心的俱樂部及酒吧非常搶手。

「他告訴我們，在東村、蘇活區都有二手轉售店，甚至還有人會到傳統的雜貨店大批蒐購。」巴克斯特和路易士起初有點摸不著頭緒，懷疑這麼老土的鞋子竟然也能夠絕地大反攻。路易士回憶，「有人還告訴我們，連設計師米茲拉希（Isaac Mizrahi）也穿這種鞋子。不過，老實說，當時我們連米茲拉希是誰都不知道。」

到了一九九五年秋季，這股熱潮越演越烈。先是設計師巴特列特（John Bartlett）打電話來，詢問能否在春季時裝發表會上使用 Hush Puppies。曼哈頓另外一位設計師蕭志美（Anna Sui）也來電，她說希望在發表會上穿著這款鞋子。在好萊塢擁有一家服飾店的洛杉磯設計師費茲吉拉德（Joel Fitzgerald），也請人打造 Hush Puppies 的代表物——一隻二十五呎的充氣巴吉度獵犬。而當他在裝潢內部、正準備把貨物上架的時候，演員霍曼（Pee-wee Herman）就走了進來，當場要求買好幾雙 Hush Puppies。費茲吉拉德說：「這完全是口耳相傳的效果。」

華佛林公司在一九九五年賣掉四十五萬雙 Hush Puppies 經典鞋款，翌年銷售量達到四倍，一九九七年賣得更好，最後美國年輕男子幾乎人腳一雙。九六年時裝設計師協會在林肯中心舉辦晚宴，選中 Hush Puppies 為年度最佳配件，華佛林公司總裁和知名設計卡文・克萊（Calvin Klein）及唐娜・凱倫（Donna Karan）同台領獎，該公司總裁可能是第一個承認鞋子大賣並非公司策略成功的人。而 Hush Puppies 突然掀起一股熱潮，始作俑者竟是紐約東村及蘇活區的一些小鬼。引發這股流行趨勢的青少年，當初並非故意要為 Hush Puppies 打廣告。他們就是因為沒人喜歡穿這款鞋子，才穿得很高興。這股流行趨勢傳染給兩位時裝設計師，他們隨後利用這雙鞋子推出新的高級流行服飾。Hush Puppies 原本只是配角，不過，在一年之內，竟然反客為主，無心插柳柳成蔭，其重要性超越某個臨界點，終於脫穎而出。整個過程為何？一雙三十美元的鞋子，原本只是曼哈頓少數流行人士及設計師的最愛，如何能在兩年內席捲全美所有大賣場？

紐約犯罪率的逆轉

在一九八〇年代，紐約市最貧窮落後的布朗斯維爾及東區，一到夜幕低垂，街道上就空無一人，彷彿鬼城。普通上班族晚上不敢走在人行道上，小孩子也不敢在路上騎腳踏車，老年人更不敢坐在門前台階或公園的長椅上。布魯克林區街上到處是毒品交易，黑社會械鬥也時有所聞，大部分的人晚上都躲在自己家裡，以保安全。一九八〇到九〇年代初期在布朗斯維爾服勤的警員都還記得，只要天一黑，警用無線電就充斥該地區的暴力及犯罪事件回報。一九九二年紐約市發生兩千一百五十四件謀殺案，及六十二萬六千一百八十二件嚴重犯罪，主要就是發生在布朗斯維爾及東區。

不過，這時候怪事發生了，在某個神祕的關鍵點上，犯罪率開始不升反降。五年內，謀殺案件減少六四・三%，剩下七百七十件，犯罪案件也減少將近一半，成為三十五萬五千八百九十三件。布朗斯維爾及東區的人行道上又是人滿為患，腳踏車也重現江湖，門前台階又看得到老年人了。布朗斯維爾派出所的督察梅薩德里（Edward Messadri）說：「以前就像在越南的叢林裡，常常會聽到連續幾聲槍響，如今我再也沒有聽過。」

治安好轉，根據紐約市警察局說法，這是市警局大幅調整策略的結果。犯罪學者也提出毒品交易銳減，及人口老化兩項原因。同時，經濟學者也指出，紐約市經濟在九〇年代逐漸翻揚，原本可能犯罪的人口得以進入就業市場。社會問題的生滅起伏雖有傳統的解釋，卻都不如Hush Puppies在東村青少年一手主導下浴火重生這般令人信服。

然而，毒品交易、人口結構及經濟復甦等改變屬於長期趨勢，美國各地都出現了這類變化，但這些變化卻無法解釋，為何紐約市犯罪率下滑的速度，遠遠超過美國其他城市；更無法解釋為何這些現象在如此短暫的時間內發生。至於警方，雖然貢獻卓著，但警方改變策略的幅度，和布朗斯維爾及東區等地變化的幅度，顯然難以相提並論。畢竟，客觀條件只是逐步改善，但紐約市的犯罪率卻是大幅滑落。光憑若干經濟及社會指標的變動，如何能讓謀殺率在五年內下降三分之二？

引爆點的形成

《引爆趨勢》詳載了一個觀念，這個觀念非常簡單，卻可以幫助我們了解趨勢的急流、犯罪的波動起伏、一本沒沒無聞的著作如何脫胎換骨成為暢銷書、青少年吸菸比率的高漲、某個口耳相傳的現象，以及日常生活中其他被視為像流行病似的變化。事實上，**觀念、產品、訊息及行為傳染散播的模式就和病毒一樣**。

Hush Puppies 鹹魚翻身、紐約市犯罪率大幅滑落，都是流行病學的最佳典範。表面上，兩者的關係不大，事實上，骨子裡卻有共同的模式。首先，它們都屬於傳染行為。當初並沒有人為 Hush Puppies 打廣告，告訴民眾這種傳統的鞋子很酷，大家應該穿這種鞋子。這些青少年只是走到哪穿到哪，無論是到俱樂部、咖啡店或者走在紐約市中心，他們都穿著 Hush Puppies，透過身體力行的方式，他們向世界展示自己的流行觀。Hush Puppies「病毒」也經由他們傳染給更多人。

紐約市犯罪率大幅滑落，也是一樣的道理。我的意思並不是說，原本打算在一九九三年犯下謀殺案的人，突然集體決定不再犯罪；也不是警方出奇招，化解許多原本可能會造成人員傷亡的犯罪案件。而是警方或新的社會力量已經能夠左右小部分犯罪案件中的嫌犯，他們開始覺得昨非而今是，這種改過向善的態度也感染到其他潛在的罪犯。總之，紐約市許多人在很短的時間內都受到一種反犯罪病毒的「感染」。

上述兩個例子還有一個共同特色是，**小小的動作竟然造成很大的轉變**。紐約市犯罪率大幅滑落的可能原因，都是一些不太起眼的轉變：毒品交易量不再成長、人口結構略微老化、警察績效稍微提升，但結果卻相當戲劇化。Hush Puppies 也是一樣，在曼哈頓市中心穿 Hush Puppies 的青少年人數應該不多吧？二十人？五十人？充其量一百人吧？但是他們小小的動作，竟然一舉開創全新的國際流行趨勢。

最後，上述兩例都不是慢條斯理地成形，而是在很短的時間內蔚為風潮，而且沛然莫之能禦。觀察紐約市從一九六〇年代中期到九〇年代末期的犯罪率走勢圖，整個走勢像一道拱門，就可以一目了然。一九六五年紐約市發生二十萬起犯罪案件，此後犯罪案件開始大幅成長，兩年內成長一倍，並且繼續以這種速度增加，到了七〇年代中期，犯罪案件每年達六十五萬件。接下來二十年犯罪率維持在這個水準，一九九二年突然大幅滑落，速度之快一如三十年前直線上升的犯罪率。紐約市的犯罪率並非逐步下滑，也不是溫和衰退，而是攀抵頂點後，就突然暴跌。

由上述例子可以歸納出三個特色：一、具有傳染性；二、小動作也能造成大轉變；三、轉變並非逐步形成，而是在很短的時間內物換星移。這三個特色也可說明麻疹如何從一間教室流傳開來，或每年冬季都會爆發的流行性感冒。三者中，第三種特色最重要，也就是流行風潮的興衰生滅都是在一夕之間，唯有這種特色存在，前兩種特色才有意義，也才能徹底解釋現代世界為何變遷如此快速。在特定的流行風潮中，萬物都能在一夕之間改頭換面，我們把這種時刻稱為「引爆點」。

流行病學與社會現象

跟著流行趨勢走的世界，和我們目前所處的世界截然不同。現在讓我們想想傳染這個概念。如果我說了「傳染」這兩個字，會讓你聯想到感冒、病毒，甚至更危險的HIV愛滋病毒或伊波拉病毒，這代表我們都了解傳染在生物學所代表的意義。又如果世上存有一種犯罪流行病或時尚流行病，那麼所有事物可能都像病毒一樣會傳染。

例如，你是否想過打呵欠這個動作？打呵欠這個動作傳染力極強，可能出乎大家的意料之外。你在前兩句看到「打呵欠」這三個字，在本句又看到一次，許多人可能會在幾分鐘內真的打起呵欠。我寫到這段的時候，也打了兩次呵欠。而且如果你在公開場合閱讀本書，並打了呵欠，恐怕許多看到你打呵欠的人，也會跟著打呵欠；然後看到這些人打呵欠的人，也會打呵欠，接下來變成一傳十，十傳百，打呵欠的人群不斷向外擴散。

這就是前文所說的，打呵欠極具傳染性。我只不過寫下「打呵欠」三個字，就能讓部分讀者打呵欠。看到你打呵欠而跟著打呵欠的人，是被你打呵欠的模樣所傳染，算是二手傳染。甚至聽到你打呵欠的人，也會跟著打呵欠，因為打呵欠也可以透過聽覺傳染，所以如果你播放別人打呵欠的錄音帶給盲人聽，他們也會打呵欠。最後，如果你看到本段文字時會打呵欠，潛意識是否在說，你可能有點厭煩了呢？（我懷疑部分讀者確實是如此！）換句話說，打呵欠也可以透過情緒來傳染。我寫下「打呵欠」這三個字，就能讓你的情緒受到感染。感冒病毒有這種能耐嗎？因此，我們如果要辨識及診斷流行病的移轉，就必須記住，**世間萬物都潛藏有傳染性。**

流行病第二個原則屬於相當另類的觀點：小動作也能造成大轉變。身為人類的我們，以高度社會化的方式對待因果關係。如果我們想傳達強烈的情緒、想說服某人我們愛他，就得用熱情、直接的方式說話。如果我們想告訴某人一則不幸的消息，會降低音調，而且字斟句酌。我們已經習以為常，種什麼因必然會得什麼果，強度及廣度都能相符。

試試以下這個謎題：請你對折一張紙，然後再對折一次，然後再對折一次，最後總共對折五十次。你認為最後折好的紙團會有多高？

大部分人會在心中試著折這張紙，然後說出答案，有人會猜可能像電話號碼簿一樣厚，膽子大一點的人可能會說像冰箱一樣高。但正確答案是：這個紙團的長度相當於地球到太陽的距離。如果你再對折一次，這個紙團的長度就相當於地球到太陽來回的距離，這在數學上稱為「等比級數」。

流行病就是另外一種等比級數：病毒透過一群人向外傳染，受到感染的人口呈現等比級數增加，經過五十次傳染後，就能從一張紙的厚度，增加為地球到太陽的長度。人類不太能夠接受這種等比級數的關係，因為因果之間差距太大，明顯不成比例。但是為了認識流行病的力量，我們得拋棄這種因果之間必須對等的觀念。我們得有心理準備，有時候小動作可能會造成大轉變，有時候這些轉變更會在一夕之間發生。

「引爆點」這個觀念的核心就是，轉變可能在一夕之間發生，甚至可能是所有人最難接受的一種轉變。這個名詞最早出現在七○年代，用來形容美國白人紛紛搬入東北部城市市郊的現象。社會學者發現，非裔美國人遷入某社區的比率達到二○％後，原有的白人幾乎會立刻搬出這個社區。所謂的「引爆點」就是：**數量已達關鍵水準，跨越門檻，達到沸點**。

紐約市暴力犯罪案件在九○年代初出現一個引爆點，Hush Puppies 重出江湖也有一個引爆點，其他新科技出現同樣有引爆點。夏普公司早在一九八四年推出第一部低價傳真機，第一年在美國賣出約八萬部。接下來三年，業務只是穩定成長，到了一九八七年，美國擁有傳真機的人達到一定數量，這對其他有意添購傳真機的人來說是一大誘因。因此，一九八七年是傳真機的引爆點，當年共賣出一百萬部傳真機。到了一九八九年，又有兩百萬部傳真機加入傳輸資料行列。行動電話也是這種模式，整個九○年代，行動電話的體積越來越小，價格越來越便宜，服務也越來越好，一九九八年相關技術更達到引爆點，每個人都可以擁有行動電話。

所有流行病都有引爆點。人口統計局所謂的「上流階層」包括專業人士、經理人、教師等，伊利諾大學社會學者克萊恩（Jonathan Crane）研究過社區內這些上流階層的人數對同一社區青少年的影響。他發現，上流階層勞工占社區總人口的比率在四○％到五％的社區，懷孕率及子女退學率大致相當。不過，一旦專業人士的比率跌破五％，問題就大了。

以黑人學童為例，上流階層的比率如果從五．六％降為三．四％，雖然只下降二．二個百分點，但是退學率竟然暴增一倍以上。上流階層的比率如果維持在五％以上，青少年懷孕的比率大致沒有變化，一旦跌破五％，青少年懷孕幾乎是原先的兩倍。我們當然認為，社區及社會問題會隨著時間逐漸解決。不過，有時候這些問題不會逐漸化解；一旦到達引爆點，學校無法控制學生，家庭生活也可能在一夕之間瓦解。

我記得小時候看過家中小狗如何經歷生平第一場雪。牠又驚又喜、不知所措，緊張地搖著尾巴，聞一聞這種奇怪、鬆軟的物質，對著雪塊狺狺低吠。牠第一次看到雪的那天早上，不見得比前一天晚上更冷。前一天晚上的溫度可能是華氏三十四度，今天早上可能是三十一度。換句話說，外在環境幾乎沒有變化，不過對牠來說，一切都不一樣了。雨水變成另外一種截然不同的東西——雪！我們都是與時俱進的人，隨著時間改變自己的預期。但是，在引爆點的世界中，任何匪夷所思的事情都能成為意料中事，天翻地覆的變化不只是機率問題，反而是常態，這實在跌破大家的眼鏡。

為了說明這個另類的觀念，我要帶你到巴爾的摩，認識當地梅毒的流行趨勢。我會介紹三種特異人士，我把他們分別稱為專家（Mavens）、連結者（Connectors）及推銷員（Salesmen）。在口耳相傳的流行趨勢中，他們扮演臨門一腳的角色，左右我們的好惡、趨勢及風潮。我會帶讀者到《芝麻街》及《妙妙狗》（*Blue's Clues*），上兒童節目的錄製現場；帶領各位接觸一手打造哥倫比亞唱片俱樂部的奇人，了解他的內心世界，認識如何包裝一則訊息，才能對大眾產生最大的衝擊。我會帶領大家到德拉瓦市的一家高科技公司，探討能夠左右集體生活的引爆點。我還會帶各位到紐約市的地下鐵，了解犯罪如何突然平息。

無論教育家、父母、行銷人員、生意人、決策者，大家內心深處都深為兩個問題所惑：有些觀念、行為或產品可以引發流行風潮，有些則否，為什麼？我們如何能隨心所欲發動有利自己的流行風潮？從前述各個現場，將可以找出這些問題的答案。

本章參考資訊：

*布萊頓的文章〈向紐約市警政學習〉（What We've Learned about Policing），發表於《城市雜誌》（*City Journal*）：www.city-journal.org/html/9_2_what_weve_learned.html。

*研究打呵欠、微笑的傳染，馬里蘭大學巴爾的摩校區教授普洛文（Robert Provine）的網頁：www.umbc.edu/psyc/faculty/provine/research.html。

*描述「引爆點模式」的社會學文獻，包括謝林（Thomas Schelling）〈種族隔離的動態模式〉（Dynamic Models of Segregation）、葛蘭諾維特〈集體行為的臨界點模式〉（Threshold Models of Collective Behavior）。

Chapter 1

引爆點的三大原則

The Three Rules of Epidemics

一旦流行病已經引爆、失去平衡，
一定是事出有因，
可能是三大原則之一，
甚至全部產生了變化。

九〇年代中期，巴爾的摩市爆發梅毒大流行。從一九九五到九六年短短一年之間，出生即感染梅毒的嬰兒人數增加了五〇〇%。觀察巴爾的摩市梅毒感染率的趨勢圖，多年來一直保持直線，但是到了一九九五年突然以接近直角的角度向上彎曲。

巴爾的摩市的梅毒問題為什麼會一發不可收拾？根據疾病防治中心的說法，問題根源在於古柯鹼。由於吸食這種毒品容易導致危險性行為大幅成長，愛滋病及梅毒等性病的案例因而暴增。越來越多人為了購買毒品，變成一貧如洗，更把這種性病帶回自己居住的社區內，進而改變鄰里間社會網絡的模式。疾病防治中心指出，梅毒問題從星星之火釀成巨災，關鍵就在於毒品氾濫。

約翰霍普金斯大學的性病專家曾尼曼（John Zenilman）的看法與眾不同，他認為巴爾的摩市貧窮區的醫療服務體系瓦解才是主因。曾尼曼說：「一九九〇到九一年間，巴爾的摩市性病診所共有三萬六千人次的門診病患，後來由於預算問題，市政府決定逐漸削減性病診所的人手。駐診醫師從十七位減為十位，正式醫師則從三位減為零。門診病患降為兩萬一千人次，助手的人數也被刪減。以往診所會定期為電腦升級，如今也都停擺。這很明顯是出自政治因素，市政府往往因預算無法運作，使得這些診所最後可能面臨無藥可用的窘境。」

巴爾的摩市中心的性病診所每年原有三萬六千人次的門診病患，代表性病受到控制。當每年的門診病患降為兩萬一千人次，代表性病即將爆發大流行潮。性病從市中心向外擴散，經由一般道路及高速公路蔓延到巴爾的摩市其他地區。以往罹患性病後，通常一週內可以獲得治療，如今他們可能在治癒前就傳染給其他人，蔓延的時間又多出兩、三週，甚至四週。醫療體系瓦解，使得梅毒問題比以往更為棘手。

美國首屈一指的流行病學專家帕特瑞特（John Potterat）則提出第三種理論，他認為巴爾的摩的梅毒問題原本集中在市中心，近年來東區及西區正在進行都市更新，才是真正的罪魁禍首。他指出，一九九〇年代中期，巴爾的摩市推動東、西區的都市更新計畫，炸毀許多一九六〇年代的老舊國民住宅。最轟動的兩個例子是西巴爾的摩市的列辛頓街及東巴爾的摩市的拉法耶巷，兩邊都有數百戶家庭，是犯罪及傳染病的淵藪。在此同時，因為環境日益惡化，居民也開始遷出東、西巴爾的摩市的老舊連幢房屋。

帕特瑞特首度造訪巴爾的摩市東區及西區時說：「現場景象令人目瞪口呆，五〇%的房屋已經釘上木板，也展開炸毀建築物的前置作業。整個社區充滿人去樓空的氛圍，讓剩下的居民更想盡快搬走。巴爾的摩市多年來一直把梅毒問題控制在特定區域及階層，但是東、西區人口大搬遷，把這些性病病患移往其他地區，梅毒及這些人的習慣也跟著四處流竄。」

上述三種解釋有一個共同點——都是自然發展。毒品早在幾年前就已經在巴爾的摩市氾濫，並不是一九九五年才開始出現。疾病防治中心認為，一九九〇年代中期毒品氾濫的問題只不過稍加惡化，卻足以成為梅毒大流行的導火線。同樣地，曾尼曼並沒有說巴爾的摩市的性病診所全數關閉，其實這些診所只是縮編，駐診醫師從十七位降為十位。而帕特瑞特也並不是說，整座巴爾的摩市都已經變成鬼城。他的意思是，小部分住宅區被破壞和特定區域被棄守，造成梅毒大流行。只要些許小動作，流行病原本保持的平衡狀態就會被破壞殆盡。

這些解釋還有一個比較有趣的現象，它們描述流行病如何引爆的方式各不相同。疾病防治中心從疾病的整體背景談起，例如引進某種毒品及毒品用量激增後，會改變整座城市的環境，導致疾病大流行。曾尼曼則鎖定疾病本身。診所縮編後，梅毒病毒也開始起死回生。梅毒屬於急性傳染病，而非慢性病，肆虐的期間可以長達好幾個星期。帕特瑞特著眼於梅毒的帶原者。他認為，巴爾的摩市內患有梅毒的是部分特定人士，包括非常貧窮、可能使用毒品、性行為氾濫的人。如果這種人突然搬進新社區，縱使新社區以往沒有梅毒問題，疾病也可能在此滋生。

換句話說，引爆流行病的途徑不止一種。流行病的三大因子包括散播傳染原的人、傳染原本身，以及傳染原活動的大環境。一旦流行病已經引爆、失去平衡，一定是事出有因，可能上述三大因子之一，甚至全都產生了變化。我把這三種變化的因子稱為「少數原則」、「定著因素」及「環境力量」。

少數原則

我們表面上說，紐約東村一小撮青少年引爆 Hush Puppies 的流行風潮、巴爾的摩市部分社區居民的遷移導致梅毒大流行，其實真正的意思是，**在特定的過程及體系內，少數才是關鍵**。這個觀念並不算另類，經濟學者常講「80／20法則」，也就是二〇％的參與者完成八〇％的「工作」。在大部分社會中，八〇％的犯罪事件是肇因於二〇％的罪犯、二〇％的汽機車駕駛人得為八〇％的交通事故負責、八〇％的啤酒是被二〇％的酒客喝掉的。在流行病學中，80／20法則更明顯：大部分的工作是由極少數的人完成的。

例如，帕特瑞特曾經分析科羅拉多州科羅拉多泉市的淋病大流行現象。他研究六個月內前往公立衛生單位治療淋病的所有病患，發現約半數病例來自四個地區，這些地區僅占全市總人口的六％。在這六％的人口中，半數都曾在同樣六家酒吧內喝酒應酬。帕特瑞特進一步訪查這七百六十八人，結果發現其中六百人不是沒有傳染淋病給任何人，就是只把淋病傳染給一個人，這些人被視為非傳染者。其餘一百六十八人曾經傳染淋病給兩到五人，他們才是引爆淋病大流行的根源。換句話說，總人口超過十萬人的科羅拉多泉市會爆發淋病大流行，罪魁禍首是住在四個小社區、經常出沒六家特定酒吧的一百六十八人。

這些人是何許人？他們和你、我不同，他們每天晚上都外出狂歡，性伴侶人數也高於正常人，一般生活及行為更異於常人。例如，一九九〇年代中期，密蘇里州一名外號「老闆」的男子麥克基（Darnell “Boss Man” McGee），經常出沒於聖路易東區的舞廳及溜冰場。他身高超過六呎，長相討人喜歡，而且是溜冰高手，經常令年輕少女為之傾倒。他最中意的對象是十三、十四歲的少女。他會買首飾給這些女孩，開著凱迪拉克大轎車載她們兜風，供應毒品，讓她們飄飄然，然後和她們發生性關係。一九九五到九七年間，他至少和一百名女子發生過關係，且至少傳染ＨＩＶ病毒給其中的三十位。他在九七年被不知名的槍手射殺身亡。

無獨有偶，一千五百哩外靠近紐約州水牛城，在這段期間內也有一名行徑類似「老闆」的男子，在詹姆士市中心招搖撞騙。他的真名是威廉斯（Nushawn Williams），外號則有「臉孔」、「奸巧仔」。被威廉斯騙上手的女友有好幾打，他在市內租了三、四間公寓，同時又從布朗克斯區走私毒品營生。一位熟悉這件個案的流行病學者坦承，「這個傢伙聰明絕頂，依照他謀生的方式，如果又能夠逍遙法外，根本不需要工作。」威廉斯和「老闆」一樣，都是玩弄女子的高手。他會送玫瑰花給女朋友，讓她們為他編髮飾，並且在自己的公寓徹夜狂歡，提供大麻及烈酒。他的性伴侶之一回憶，「我和他一個晚上可以做愛三、四次，我們一向玩通宵……發生性關係之後，他的朋友也會跟進，大家玩起車輪大戰。」

威廉斯目前正在服刑，據了解，他至少傳染愛滋病毒給十六名女友。另外，《樂隊演奏》（*And the Band Played On*）這本書中，謝爾特（Randy Shilts）曾以冗長的篇幅，討論最著名的第零號愛滋病患。他是法國—加拿大航線的空服員杜加斯（Gaetan Dugas），號稱在北美洲擁有兩千五百名性伴侶，加州及紐約州至少四十起愛滋病例都和他有關。這些人都是流行病突然席捲各地的禍首。

社會流行風潮散布的方式也和流行病一樣，都是一小撮人使力的結果。在社會流行風潮的案例中，不是根據個人的性傾向區分。關鍵在於他們是否容易親近，在同儕之間是否顯得精力旺盛、博學多聞或具有影響力。Hush Puppies 如何能從曼哈頓少數追求流行的人士腳下，變成全美各地大賣場都販售的熱門商品？紐約東村和美國中部的流行趨勢有何關聯？根據少數原則的理論，上述特定人士發現這股新的流行趨勢，並且透過自己的人脈、努力、熱情及個性，掀起 Hush Puppies 的熱潮，就像杜加斯及威廉斯這種人傳播 HIV 病毒一樣。

定著因素

巴爾的摩市政府緊縮公立診所的人事後，攻擊市內貧窮地區的梅毒也從急性疾病轉變為慢性疾病。以往感染梅毒的人，大部分會在傳染給其他人之前就獲得治療，但是預算緊縮後，梅毒逐漸成為慢性病，帶原者把病毒傳染給其他人的時間是原先的三到五倍。少數特定的帶原者更是努力不懈四處傳播病毒，終於引爆大流行潮。不過，流行媒介本身發生變化，有時候也是爆發大流行的原因。

這是病毒學上人盡皆知的原則。每年初冬流行性感冒造成的傷害，和冬末春初的流行性感冒不一樣。古往今來最惡名昭彰的一次流行性感冒是一九一八年的全球大流行，從年初就開始流行，當時還算溫和，但是經過一個夏天之後，病毒突然變種，接下來六個月內在全球各地造成兩千萬到四千萬人死亡。這段期間病毒的散布方式一直沒有改變，但是病毒突然變得極具殺傷力。

荷蘭愛滋病研究人員古德史密（Jaap Goudsmit）指出，愛滋病流行就是出自這個原因。他鎖定肺囊蟲肺炎（PCP），進一步研究。其實所有人天生或出生後不久，體內就存有PCP細菌，它對大多數人都是無害，人體的免疫系統應付這種細菌綽綽有餘。不過，免疫系統萬一被HIV病毒破壞，人體就無法控制PCP，這時光是肺炎這種小病就可能致命。事實上，由於PCP普遍存在愛滋病患中，它已被視為HIV病毒存在的特定象徵。古德史密從醫學文獻中尋找PCP的病例，結果更令人震驚。二次世界大戰後，從波羅的海的但澤港蔓延到整個中歐地區，因PCP引發的流行病而喪生的嬰兒數以千計。

荷蘭林伯省的荷倫城是以採礦為主，受PCP流行病的衝擊最厲害，引起古德史密的重視，並且特別研究。荷倫城內有一家訓練助產士的醫院，一九五〇年代更特別劃出院內一區，做為照顧體重不足的嬰兒或早產兒的專區，也就是所謂的瑞典院區（Swedish barrack）。一九五五年六月到五八年七月間，瑞典院區共有八十一名嬰兒感染PCP流行病，其中二十四人死亡。古德史密認為，這屬於早期的HIV病毒，由於當時醫界習慣使用同一支針頭輸血或注射抗體，因此病毒隨著嬰兒到醫院後，再傳染給原先就住在這家醫院的其他嬰兒。他寫道：

最可能的原因是來自波蘭、捷克或義大利的礦工把這種病毒帶進林伯省。這名成年人可能死於愛滋病，只是當時並沒有引起注意……他可能把這種病毒傳染給自己的妻小。受到感染的妻子（或女朋友）可能在瑞典院區內分娩，這名嬰兒雖然表面健康，卻已經感染HIV病毒。未經消毒的針頭及針筒可能就是嬰兒之間傳染的管道。

當然，本案最奇怪的現象是死亡的嬰兒只占三分之一，而非無一倖免。三分之二的嬰兒竟然能夠戰勝HIV病毒，而且健康無虞地活了下去，這在今天幾乎是不可思議的事情。換句話說，一九五〇年代流行的HIV病毒，毒性可能和今天的HIV病毒大不相同。兩者雖然都具有傳染性，但是當時的HIV不夠頑強，連小嬰兒都能打敗它。簡單來說，HIV病毒能夠在一九八〇年代初期肆虐全球，除了同性戀圈子的性行為大幅改變，使得這種病毒能夠迅速擴散之外，也是因為HIV病毒本身出現變化。無論理由為何，現在這種病毒更容易致命，一旦感染，會跟著你一輩子。

我們從流行病會「定著」在一個人身上一輩子的現象，了解到社會流行風潮也是如此。我們花了很多時間，研究如何讓一則訊息更有說服力，如何讓本身的產品或觀念能夠接觸到最多人。不過，溝通的困難之處通常在於，如何確保別人對你發出的這則訊息不會左耳進、右耳出。「定著」代表這則訊息發生作用，它留在你的腦海中，揮之不去。雲絲頓（Winston）香菸一九五四年春季問世時，公司提出「真好滋味雲絲頓，一流香菸我獨尊」。當時這種不太合文法，甚至有點挑釁的廣告詞，曾經引起一場小風暴。街頭巷尾都在談論這句廣告詞，就像溫蒂漢堡一九八四年提出的「牛肉在哪裡？」

克魯格（Richard Kluger）在香菸產業發展史中寫道：「負責行銷雲絲頓香菸的雷諾公司（R.J. Reynolds），對於廣告詞能夠引人注意感到欣喜，甚至在電視及廣播的廣告中配上旋律，唱出這句廣告詞，他們認為這句廣告詞是大家琅琅上口的口頭禪，而不是一句文法不通的短句。」

雲絲頓上市幾個月後，拜這句廣告詞之賜，銷售量異軍突起，超越百樂門（Parliament）、肯特（Kent）及L&M，成為美國香菸市場的第二名。幾年內，雲絲頓躍居美國最暢銷的香菸品牌。直到今天，如果你對美國人說「真好滋味雲絲頓」，大部分人會回答你「一流香菸我獨尊」。這就是一句已經「定著」的廣告詞，而「定著」則是產品、觀念能夠異軍突起的關鍵。除非消費者記住生產者的訊息，否則他不會改變自己的行為，購買廠商的產品或購票觀賞你的電影。

根據定著因素，有特殊方法可以讓大眾記住一則訊息；只要簡單改變表達的方式、重新調整訊息的結構，產生的衝擊就可能截然不同。

環境力量

巴爾的摩市民如果到市立診所治療梅毒或淋病，曾尼曼就會把病人的地址登錄到電腦上，然後每個病例就會在市區地圖上，以一個小黑點出現。就像警察會把發生犯罪的地點，在地圖上以圖釘標示出來一樣。在曾尼曼的地圖上，位於巴爾的摩市中心兩側的東、西區，出現密集的黑色星號。從圖上可以清楚看出來，罹患性病的案例沿著兩個地區內兩條主要道路向外擴散。夏季是性病發生最頻繁的季節，巴爾的摩市東、西兩區對外道路上的黑色星號也相對較密集，顯示這種流行病正在向外擴散。不過，到了冬季，疫情擴散圖就不同了。天氣變冷，巴爾的摩市東、西區的居民比較常留在家中，較少前往性交易頻繁的酒吧、俱樂部或街頭巷尾，兩個地區的黑色星號都有減少的趨勢。

季節性因素對罹患性病的案例數目影響深遠，其實不難理解，巴爾的摩市經歷又冷又久的冬季後，至少抑制了當季梅毒病毒的成長。從曾尼曼的疫情擴散圖也可發現，流行病深受周遭情勢的影響，包括所處的環境、條件及環境內其他特殊因子。值得注意的是，這項原則可以延伸到何種程度？它並不只像天氣會影響人類行為，那樣平淡無奇，而是連最微不足道、不受注目，甚至最出人意料之外的因素，都可能影響我們的行為。

紐約市歷來最令人髮指的案件之一發生在一九六四年，住在皇后區的珍諾維絲（Kitty Genovese）被歹徒當街刺殺身亡。當時有三十八位鄰居從窗戶親眼看到她被歹徒追逐長達半小時的過程，但是沒有一位目擊者打電話報警。這起不幸引起許多人深切自責，更是都會生活中自掃門前雪及人性泯滅的象徵。後來《紐約時報》主編羅森索（Abe Rosenthal）在一本書中寫道：

珍諾維絲小姐遭到攻擊的時候，沒有人知道這三十八名目擊者為什麼不拿起電話，甚至他們自己也說不出個所以然。不過，這種冷漠的態度的確是大都會地區的特色之一。試想身處數百萬人之中，為了避免他們不斷侵害你，唯一的方法就是盡量漠視他們。因此，對鄰居及他們遭遇的麻煩漠不關心，是在紐約及其他大都會過日子的制約反應。

大家在直覺上都可以認同以環境因素解釋這個問題。在大都會過日子，誰也不認識誰，人與人的疏離感極重，人很容易變成鐵石心腸、毫無感情。不過，珍諾維絲的案例比較複雜，也比較引人注意。哥倫比亞大學的拉丹（Bibb Latane）及紐約大學的戴利（John Darley）這兩位紐約市的心理學者後來針對他們所謂的「旁觀者問題」，進行一連串研究。他們依照不同情勢設定各種緊急狀況，觀察現場目擊者是否會伸出援手。結果他們相當意外——目擊者是否會伸援，居然和在場的目擊者人數最有關係。

例如，拉丹和戴利請一名學生在房間內假設自己癲癇發生。隔壁房間只有一個人，聽到這位學生發病後，前往協助的機率是八五％。如果實驗對象認為，還有四個人也聽到這名學生正在發病，他們馳援的機率降為三一％。在另一個實驗中，看到門縫冒出濃煙的人，如果周遭沒有旁人，會報警的比率高達七五％；如果還有其他人一起看到，則報警的比率只有三八％。

換句話說，此時身處團體中的個人，把採取行動的責任分散到所有人身上。他們以為別人會打電話；或者他們誤認為，如果周遭沒有人打電話，不管是隔壁房間癲癇發作的聲音或門縫的濃煙，可能都不值得大驚小怪。

在珍諾維絲的案例中，拉丹及戴利等社會心理學者認為，我們學到的教訓不是「**雖然**有三十八名目擊者聽到她喊救命，但是沒有人打電話報警」，而應該是「**因為**有三十八名目擊者聽到她喊救命，所以才沒有人打電話報警」。因此諷刺的是，如果她是在一條靜巷內遭到歹徒攻擊，四下只有一名目擊者，她反而可能逃過一劫。

改變別人行為的關鍵，例如關心遭遇困境的鄰居，有時候在於他們周遭情勢最微不足道的細節。環境的力量顯示，人類對環境遠比表面上更為敏感。

小結

引爆點的三大原則——少數原則、定著因素、環境力量，可以讓我們從合理的角度看待流行病。這些原則也提供我們一個方向：如何設法達到引爆點。本書會以這些觀念為本，套用在周遭其他難解的狀況和流行風潮上。這三大原則如何協助我們理解青少年吸菸的問題、口耳相傳的現象、犯罪問題，或者新書為什麼暢銷？答案可能讓你大吃一驚。

本章參考資訊：

＊美國疾病防治中心對巴爾的摩市梅毒流行的研究報告：www.cdc.gov/mmwr/PDF/wk/mm4508.pdf。

＊《80／20法則》作者理查・柯克（Richard Koch）的網站：www.the8020principle.com。

＊疾病傳播的機制，參見羅特洛（Gabriel Rotello）著作《性生態學》（*Sexual Ecology: AIDS and the Destiny of Gay Men*, 1997）。

＊荷蘭愛滋病研究員古德史密著作《尋找第一個愛滋病毒》（*Viral Sex: The Nature of AIDS*, 1997）。

＊克魯格著作《菸草的命運》（*Adhes to Ashes*, 1996），探討美國香菸產業發展史。

＊羅森索著作《三十八位目擊證人》（*Thirty-Eight Witnesses: The Kitty Genovese Case*），深入分析珍諾維絲小姐案件。

＊「旁觀者問題」的相關研究：www.answers.com/topic/bystander-effect。

Chapter 2

少數原則

——連結者、專家及推銷員

The Law of the Few

雖然人人幾乎都會屈服於同儕壓力，
但同儕壓力不是招之即來、揮之即去。
得先有人向同儕施壓，
才會出現所謂的同儕壓力。

一七七五年四月十八日下午，波士頓有一位在馬廄工作的小伙子，聽到一位英國軍官對另一名軍官說：「明天就要以牙還牙了。」於是這個小伙子立刻飛奔到銀匠李佛（Paul Revere）位於波士頓北區的家中，告知這則消息。李佛聽完表情嚴肅，因為他在那天已經接獲這種消息好幾次了。稍早他聽說，一大群英國軍官齊聚波士頓長堤，彼此小聲地交談。英國皇家海軍在波士頓港口內停放夏末賽號（Somerset）及波揚號（Boyne），兩艘軍艦下繫有小艇，還有人看到許多英國水手在艇上跑來跑去。當天早上也有人看到幾名英國水手在岸上，似乎在出最後一次勤務。

李佛和他的好朋友華倫（Joseph Warren）在當天下午越來越肯定，英國人馬上會有大動作，外傳英軍可能進軍波士頓西北的列辛頓城，逮捕殖民地領袖漢考克（John Hancock）和亞當斯（Samuel Adams），並且進入康柯德鎮，沒收當地殖民地民兵儲藏的槍砲彈藥。

而接下來發生的事情已經成為歷史傳奇，所有美國學童都聽過這則故事。當天晚上十點鐘，華倫和李佛碰面。他們決定先向波士頓附近的城鎮示警，一旦英軍準備發動攻擊，當地民兵才能起而應變。李佛勇敢地將渡輪從波士頓港開到查爾斯鎮，然後跳上一匹馬，「夜奔」列辛頓城。他在兩個小時內馬不停蹄地騎了十三哩，途中經過的每個城鎮：查爾斯鎮、梅佛鎮、北劍橋、曼諾托米，他挨家挨戶敲門，告訴當地殖民地領袖英軍即將攻來的消息，並要求將消息傳出去。教堂開始敲鐘示警，居民更是打鼓傳遞訊息。

接獲李佛報信的人，也派人騎馬四處送信，終於整個地區都知道這則消息。麻薩諸塞州林肯鎮在凌晨一點得知此事，到了凌晨三點，桑伯利也獲知；距離波士頓西北四十哩的安德歐佛兩個小時後也接獲消息。到了第二天上午九點，靠近渥賽斯特的艾希比也知道消息了。等到英國人十九日清晨進軍列辛頓的時候，竟然遭遇殖民地民兵的抵抗，令他們驚慌失措。當天，英軍在康柯德鎮遭到民兵重創，不敵敗走，於是這場戰役揭開美國獨立戰爭的序幕。

李佛這次夜奔報訊可能是歷史上最有名的口耳傳播。一則驚天動地的大消息，在很短的時間內傳送到很遠的地方，整個鄉里都展開動員，準備為家園一戰。當然，並非所有的口耳傳播都這麼富戲劇性。不過，縱使在現今的大眾傳播時代，廣告經費動輒數百萬美元，但人類最重要的傳播方式還是口耳相傳。想想看，上次你用餐的那家豪華餐廳、購買的那件昂貴衣服、觀賞過的電影，有多少決定是深受朋友的建言影響？許多廣告業主管認為，現代社會到處充斥廣告，口耳相傳的魅力反而異軍突起。成為大部分人唯一會回應的說服方式。

雖然如此，口耳相傳仍然神祕難測，因為我們隨時隨地都會彼此傳遞各式各樣的資訊。不過，只有在極少數的情形下，才會引發一傳十、十傳百的效應。我家附近有一家小館子，我很中意，半年來一再推薦給親朋好友，可惜，這家館子仍然只坐了五分滿。顯然我的推薦不足以形成一傳十、十傳百的效應；相對地，有些我認為不如這家小館子的餐廳，開張才幾個星期就高朋滿座，來賓經常向隅。有些觀念、趨勢及訊息能夠「異軍突起」，有些則否，為什麼？

以李佛夜奔為例，答案似乎很簡單。李佛傳遞的是一則人命關天的大消息：英軍要打過來了。可是如果仔細研究當天晚上的經過情形，這種解釋似乎說不太通。李佛向波士頓以北及以西的地區傳遞消息的同時，支持獨立運動的皮革工人陶氏（William Dawes），也快馬加鞭沿著波士頓以西的城鎮，一路傳遞同樣的消息到列辛頓。他經過的村鎮及里程數和李佛一樣多，但是這些村鎮並沒有因此而驚慌失措，當地民兵領袖也未如臨大敵。

華爾盛是陶氏曾經示警的一個大鎮，但是英軍第二天攻到的時候，起而抵抗的鎮民不多，部分歷史學者甚至認為，華爾盛屬於親英的社區，其實不然。真正的原因在於，華爾盛居民發現英軍來犯的時候，大勢已去。如果口耳相傳的關鍵是消息本身的重要性，陶氏在歷史上應該和李佛一樣有名，結果大家卻只知道李佛。為什麼李佛能夠名垂千古，陶氏卻沒沒無聞？

答案是，在社會上要掀起一股風潮，成功的關鍵在於主事者必須具備特殊的條件。李佛帶來的消息能夠異軍突起，陶氏通報的消息卻石沉大海，原因在於兩人的差異。上一章曾經提到少數原則，說明性病大流行的罪魁禍首是性關係複雜、且具侵略性的人。本章我會說明社會流行風潮的關鍵人物，並且解釋李佛和陶氏這兩種人的差異。我們周遭這兩種人很多，我把他們稱為**連結者**、**專家**及**推銷員**。

連結者

人與人之間如何建立關係？一九六〇年代末期的心理學家米爾葛蘭（Stanley Milgram）特別進行一項實驗，試圖找出這個問題的答案。每個人是否屬於不同的世界？雖然在同一時間內活動，但是互無瓜葛，不論在什麼地方彼此的關係都很疏遠？還是我們都隸屬於一個盤根錯結的人際關係網絡？從某種角度來看，米爾葛蘭的問題和本章之初的提問屬於同一類型，也就是：一個觀念、趨勢或一則消息（英軍來犯了！）如何一傳十、十傳百？

米爾葛蘭想利用連鎖信函找出這個問題的答案。他掌握內布拉斯加州奧瑪哈一百六十名居民的名字，分別寄給每個人一件小包裹。包裹內是一位證券營業員的姓名及地址，他在波士頓工作，住在麻薩諸塞州的夏隆。收到包裹的人，必須在包裹寫上自己的名字，然後找出可能將包裹送到這位營業員手裡的親朋好友，把包裹寄給他。例如，你住在奧瑪哈，有位表親住在波士頓，你可能會把包裹寄給他，因為縱使你的表親不認識這位證券營業員，但可能經過兩、三或四次轉手後，就能找到這位營業員。

包裹最後終於送到這位營業員的家中，從包裹經過哪些人的手，米爾葛蘭就能了解，隨機選出的一個人和相隔十萬八千里的另一個人之間的人際網絡。米爾葛蘭發現，轉手五或六次後，大部分連鎖信函就能送到這位營業員手中。「六度分隔」（six degrees of separation）的概念，正是來自這個實驗。

這種說法如今已人盡皆知，因此很容易忽略米爾葛蘭這項實驗的真正意義。其實大部分人的交友圈既不廣，也不雜。一群心理學者曾經調查北曼哈頓的戴克曼國民住宅內的居民，列出他們在這個住宅區內最好的朋友，結果八八%的好朋友住在同一幢大樓內，半數甚至住在同一層樓。一般人都是和年齡相近及同種族的人為友；不過，如果朋友就住在隔壁，年齡及種族反而是次要問題，畢竟遠親不如近鄰。

另一項研究以猶他大學的學生為實驗對象，徵詢他們為什麼和某人處得來，得到的答案是因為兩人的看法類似。進一步探究兩人對事物的看法時會發現，與其說是看法類似，不如說是兩人從事一樣的活動。一起從事活動或者個性類似的人，自然會結為朋友。換句話說，我們其實不是到處找朋友，只是自然而然就和同處一個小空間的人交起朋友。因此，住在奧瑪哈的人，和住在麻薩諸塞州夏隆的人可能不是朋友。

米爾葛蘭當時寫道，「我請一位很聰明的朋友估計，從內布拉斯加州把包裹送到夏隆一位特定人士得轉手幾次？他估計至少得轉手一百次。很多人估計的次數和他差不多，但結果平均只需轉手五次，包裹就能送到指定的人手中，頗讓人跌破眼鏡。」包裹怎麼可能只轉手五次就送抵？

答案在於「六度分隔」的人際脈絡並非勢均力敵。米爾葛蘭分析這項實驗時發現，有不少管道可以從奧瑪哈遞送包裹到夏隆，但是大部分集中在同一條管道。這位住在夏隆的證券營業員在家中接獲二十四件包裹，其中十六件來自同一人，米爾葛蘭稱他為傑柯布斯先生（Mr. Jacobs）。另外一部分包裹寄到營業員的辦公室，其中大部分來自兩個人，米爾葛蘭稱為布朗先生（Mr. Brown）和鐘斯先生（Mr. Jones）。總計，這位證券營業員收到的包裹中，半數來自上述三個人。

想想看，從美國中西部大城隨機挑出的幾十個人，各自寄出包裹。有人透過大學同學，有人寄給親戚，有人寄給老同事，八仙過海各顯神通。但是這些來路不同的包裹，其中半數最後卻殊途同歸，都送到傑柯布斯先生、鐘斯先生及布朗先生手上。「六度分隔」並非指每個人經過六次轉手，就能與所有人連結。它的意思是，**極少數人可以靠幾次的轉介，就能連繫到所有人，其他人則透過這極少數的人和世界相連結。**

我們可以用很簡單的方式檢討這個想法。假設你有四十位朋友（不包括親戚及同事），你設法找出和每位朋友當初建立友誼的源頭。

例如，我大學一年級認識的老朋友布魯斯，所以「我」就是這段友誼的源頭。簡單吧！我和尼格爾交朋友，是因為尼格爾和我另一位朋友湯姆在大學時是住在附近的鄰居；我認識湯姆，則是因為他在我大一時請我一起玩美式足球。「湯姆」就是尼格爾的源頭。

你在追溯所有的朋友關係後會發現，很多關係的源頭是同一個人。我有個朋友愛咪，她的朋友凱蒂曾經帶她到某家餐廳吃飯，我正好也在那裡用餐，才透過凱蒂認識她。而我認識凱蒂是因為，她是我另一位朋友賴麗莎最好的朋友。我和賴麗莎都認識邁克，邁克曾經拜託我照顧她，我才結識賴麗莎。邁克和我的朋友麥可曾經是同學，因此，我經由麥可才認識邁克。麥可曾經和我的朋友傑柯伯一起在一家政治週刊工作。因此，沒有傑柯伯，我就不會認識愛咪。

同理，我一年前過生日時首次見到莎拉，她和一位名叫大衛的作家一起參加這場生日宴會，大衛是應經紀人提娜之邀參加這場宴會，我則是透過朋友蕾絲麗才認識提娜，蕾絲麗是透過安的介紹，而我和安成為朋友則是以前室友莫拉的介紹，莫拉曾經是作家賽拉的同事，賽拉則是我朋友傑柯伯大學時代的朋友。沒有傑柯伯，我也不會認識莎拉。事實上，在我四十位朋友中，三十位直接、間接都和傑柯伯有關係。因此，我的交友圈其實不是圈子，而是金字塔。

金字塔頂端只有一個人，那就是傑柯伯，我生活周遭大部分的人際關係，都是拜他之賜。

我的交友圈不僅不是一個圈子，也不是「我的」交友圈。它屬於傑柯伯的交友圈，而且似乎更像是傑柯伯邀請我參加的一個俱樂部。我們透過這種人和外在世界接觸，引領我們進入自己的交友圈，這種人才能在奧瑪哈及夏隆之間搭起橋樑。我們對這種人的依賴遠超過自己的想像，他們天賦異稟，能夠結交三教九流，我稱為「連結者」。

連結者的特質

什麼樣的人才能成為連結者？第一也是最重要的條件是，他必須人面很廣、三教九流都認識。我們周遭都有這種人，不過我不認為大家曾仔細想過這種人的重要性。我甚至認為，大部分人不見得相信，連結者能夠認識所有人。但他們真的有這種本事。以下我用一個很簡單的方法證明：假設共有兩百五十個姓氏，都是從曼哈頓電話簿隨機選出。看看這份名單，如果自己的朋友也是這個姓氏，就得一分。朋友的定義很廣泛，例如，他可能是火車上坐在你旁邊的人，但是你們彼此自我介紹、互通姓名。另外，如果你認識好幾位同姓的人，也一一算分。譬如，你認識三位強森，就可以得三分。這項調查的用意在於，你的分數代表你的社交性，也可藉此估計你有多少朋友及認識多少人。

這項調查我至少拿給十二組人回答。其中之一是曼哈頓市立學院世界文明課的大一新生。這些學生年齡大多在二十歲上下，許多人最近才移民美國，屬於中低收入階層。這個班的平均得分是二十．九六分，代表班上同學平均每人認識二十一位姓氏和名單上一樣的人。我也把這張名單拿給出席新澤西州普林斯頓一場學術會議的與會人士，請他們自我評估。這些人年紀大多為四、五十歲，大部分為白種人，受過高等教育，許多人擁有博士學位，都屬於相當高的所得階層。他們的平均得分是三十九分。然後我又隨機調查我的親朋好友，大部分是新聞記者或專業人士，年紀接近而立之年，平均得分為四十一分。上述結果並不令人意外，大學生的交友圈本來就不如四十歲的人那麼廣。人到四十歲時，認識的人比二十年前增加一倍，也是理所當然；高所得的專業人士理應比低所得的新移民認識更多的人。

我認為，在上述三個受訪團體之中，各自的得分也有高低之別，這也不值得大驚小怪，不動產推銷員本來就應該比電腦駭客認識更多人。在大一新生那一組，最低分是兩分，最高分是九十五分。至於我隨機抽樣的那一組，高低分分別是一百一十八分及九分。甚至在普林斯頓那組，雖然受訪對象同質性相當高，年齡、教育程度及所得都相仿，而且大部分都是同行，但是高低差距也很大，最低的得分是十六分，最高則是一百零八分。

我總共調查了四百人左右，其中約二十四人的分數低於二十分，八位高於九十分，超過百分的人有四位。另外一件令我意外的發現是，每一組都有人得到高分。市立學院那組學生的平均得分比成年組低，但是學生組內，仍然有人的得分是其他同學的四或五倍。換句話說，各行各業都有一小撮人很會交朋友，他們就是所謂的連結者。

所有調查當中，得分最高的受訪者是一位成功的生意人霍邱（Roger Horchow），他來自達拉斯，創辦霍邱珍藏公司（Horchow Collection），那是一家高檔產品郵購公司。他在百老匯也頗負盛名，《悲慘世界》及《歌劇魅影》等賣座戲劇都是由他贊助，贏得大獎的音樂劇《為你瘋狂》（*Crazy for You*）也是由他製作。

我和霍邱的女兒是朋友，她為我們居中介紹，因此我特別到霍邱位於曼哈頓俯視第五街的豪華公寓拜訪他。霍邱外形高瘦、沉穩內斂，說話慢條斯理，帶點德州腔。他幽默風趣，具有一種親和力，很容易贏得友誼。如果你搭飛機橫跨大西洋，正好坐在霍邱旁邊，從飛機開始滑行準備起飛開始，他就開始滔滔不絕；安全帶指示燈熄滅之前，你就會被他逗笑；飛機降落時，你會覺得時光飛逝，居然不知不覺已經飛越大西洋了。我讓霍邱也接受一樣的人名測驗，他很快看過這份名單，一面用鉛筆點過這些名字，一面喃喃自語唸著一些名字。結果他得到九十八分。我猜想，如果再多給他十分鐘，他的得分恐怕更高。

霍邱為什麼能夠拿到高分？我第一次見到他的時候，才相信交遊滿天下的確是一種某些人會處心積慮鑽研、而且能琢磨的技巧。我一直纏著霍邱請他說明人脈如此之廣，對他經商有何助益，因為我認定兩者必有關聯，不過，他似乎難以作答。倒不是這些人脈對他沒有用處，而是他從不認為自己交朋友是為了做生意，只是覺得喜歡交朋友，本性難改而已。霍邱天生就很會交朋友，而且不會過猶不及。他不像有些人是為了自私的目的而交朋友，他像是一個冷靜的觀察者，知道對每個人來說最適當的距離。他就是喜歡和人真誠且熱情地交往，而且認為朋之樂樂無窮，以這種方式交朋友也很有意思。

我第一次見到霍邱，他就向我解釋，自己如何贏得蓋希文的首肯，將其音樂劇《瘋狂女郎》（*Girl Crazy*）改編為《為你瘋狂》這部名劇。他總共花了二十分鐘說明經過的情形，以下只是濃縮版。如果故事讓你有算盡機關的感覺，千萬別誤會，因為霍邱提到此事的時候，是出自一種自我解嘲的口氣。我猜想，他有意誇張自己特立獨行的個性。不過，我也認為，這很能展現他的內心世界，也是如何成為連結者精準的談話內容。

我有位朋友名叫夏能（Mickey Shannon），他住在紐約。他知道我欣賞蓋希文。而我有機會遇到喬治・蓋希文（George Gershwin）前任女友艾蜜莉（Emily Paley），她也是艾拉・蓋希文（Ira Gershwin）老婆蕾娜的妹妹。艾蜜莉住在東村，有天請我們吃晚餐。反正就是我見到了艾蜜莉，也看到蓋希文為她畫的一幅畫像。艾蜜莉的老公帕利（Lou Paley）早年和喬治及艾拉一起撰寫劇本，當時艾拉仍自稱亞瑟・法蘭西斯（Arthur Francis），這就是一種關係……

我曾經和蓋達斯基（Leopold Gadowsky）一起吃午餐，他是法蘭西絲・蓋希文（Francis Gershwin）的兒子，法蘭西絲是喬治・蓋希文的妹妹，她嫁給一位姓蓋達斯基的作曲家。亞瑟・蓋希文（Arthur Gershwin）的兒子當時也在場，他們說，我們為什麼要把《瘋狂女郎》的版權交給你？你是何方神聖？你又沒有出現在這家劇院過。

於是我開始展現自己的人脈。你的阿姨艾蜜莉，我去過她家裡。她有一張穿著紅色披肩的照片，你看過吧？我信手拈來所有想得到的關係。之後在場人士一起到好萊塢拜訪蓋希文太太的府上，我對她說，很高興認識你，我也認識你的姊姊，更喜歡你丈夫的作品。然後，我又抬出我在洛杉磯的朋友。我還在馬可斯公司任職時，有位女士出了一本食譜，她名叫蜜兒瑞（Mildred Knopf）。她老公諾波夫（Edwin Knopf）是一位電影製片，曾經為奧黛莉赫本製作電影，弟弟是發行人。我們在達拉斯推廣她的食譜，大家結為好朋友。我們就是喜歡她，我每次一到洛杉磯，一定和她聯絡。我一定會和朋友保持聯絡。結果發現諾波夫是喬治・蓋希文最好的朋友，家裡頭到處都是蓋希文的照片。蓋希文在北卡羅萊納州艾許維爾寫出《藍色狂想曲》的時候，就是和他在一起。諾波夫已經去世，但是蜜兒瑞仍然健在，如今已經高齡九十八歲。

因此，當我拜訪李・蓋希文（Lee Gershwin）的時候，我提到我們才去看過蜜兒瑞。李說，你認識她嗎？那我們以前怎麼沒有見過面呢？她隨後立刻把版權交給我。

在我們談話的過程中，霍邱一再展現他在這方面的長才，讓一輩子瑣瑣碎碎的人際關係，能夠由點而線，而成面。為了慶祝七十歲生日，霍邱設法找到一位名叫洪辛格（Bobby Hunsinger）的小學同學，兩人已有六十年未見過一面。他寫信給每一位同名同姓的人，請教他們，當年是否曾經住過辛辛那提第一巷四五〇一號。

這不是正常的社會行為，甚至有點異常。別人蒐集郵票，霍邱蒐集的對象竟然是人。他記得六十年前和他一起嬉戲的男孩、和他一起長大的好朋友的地址、他的大學女朋友大三的時候曾經赴海外遊學，對一名男子神魂顛倒，事隔多年，霍邱居然還記得這名男子的名字。這些生活的枝微末節，對他來說很重要。他的電腦記錄一千六百個名字和地址，每筆資料還附有備註，說明他和這筆資料的主人翁是在什麼場合下認識的。我們聊天的時候，他拿出一個紅色記事本。「如果我認識一位我很投緣的人，他又說出自己的生日，我會記下來，此後他每年都會收到我寄的生日卡。你看，星期一是布魯姆的生日、惠登伯格的週年紀念日，舒瓦茲的生日是星期五，家中雜工的生日是星期六。」

我想，大部分人不會刻意經營泛泛之交的人際關係。我們會對知心朋友盡心盡力，但是我們不會寄生日卡給不太親近的人，因為我們不希望自己被這段友誼綁死，到時非得和他共進晚餐，陪他看電影，或者在他生病時前去探病。大部分人對待泛泛之交的態度是，評估自己和他未來是否能夠進一步交朋友；我們覺得自己沒有那麼多時間、精力和每個人都保持良好的關係。

但霍邱與眾不同。能夠榮登他的記事本或電腦的人都是他的泛泛之交，每年、甚至好幾年才見一次面，但他仍然不辭辛勞，設法維繫這段關係。他真可以說是「泛泛之交」的大師，而且樂在其中。我認識霍邱之後，覺得有點沮喪，因為我想進一步認識他，不過，我擔心自己可能沒有這個機會。他的內心可能不會有這種沮喪，因為他能夠從泛泛之交中，發現意義及樂趣。

霍邱為什麼如此與眾不同？他自己也不明白，由於他是家中獨子，而且父親經常不在家，他推測與此有關。不過，這恐怕不是真正的原因。最好的解釋可能是連結者的特質，這種特質正是一樣米養百樣人使然。

人際網絡的串連者

不過，連結者之所以重要，不僅是因為他朋友多，更在於他認識三教九流的人。也許透過一種遊戲最能了解這個想法。這種遊戲名為「凱文．貝肯的六度分隔」（Six Degrees of Kevin Bacon），遊戲方法是在六個步驟內，從電影找出任何一位演員和貝肯的關係。例如，辛普森（O.J. Simpson）曾經在《笑彈龍虎榜》（*Naked Gun*）和普絲莉（Priscilla Presley）搭檔演出，普絲莉則和葛特佛萊特（Gilbert Gottfried）合演《涉水而過》（*Ford Fairlane*），葛特佛萊特曾經和雷塞（Paul Reiser）一起演出《比佛利山超級警探II》（*Beverly Hills Cop II*），雷塞在《餐車》（*Diner*）一片和貝肯合作過，如此經過四個步驟。再舉一個例子，皮克佛（Mary Pickford）曾經和蓋博（Clark Gable）合作演出《螢光幕快照》（*Screen Snapshots*），蓋博在《格鬥美國》（*Combat America*）一片和羅曼諾（Tony Romano）合作，羅曼諾三十五年後和貝肯在《起程》（*Starting Over*）一片同台，這樣只經過三個步驟。

維吉尼亞州立大學的電腦專家提加登（Brett Tjaden）最近發揮實事求是的精神，算出二十五萬名曾經在電視或重要電影上露過臉的演員，平均經過幾部電影就可以找到貝肯，答案是二．八三一一二部。換句話說，只要從事過演員行業的人，以他為起點，平均不到三部電影就可以找到貝肯，很了不起吧！

提加登更了不起的動作是，算出曾經在好萊塢演過戲的人平均關聯度。例如，隨便以好萊塢一位演員為起點，平均得經過多少部電影才能找到勞勃狄尼洛或莎莉．譚寶或亞當．山德勒？提加登發現，如果列出好萊塢所有明星關聯度的排行榜，貝肯排名第六百六十九名。史恩（Martin Sheen）只需要二．六三六八一部電影，就可以連接到任何一位演員，他的名次比貝肯高出六百五十名。古德（Elliot Gould）更快，只需要二．六三六〇一部電影。排名最前的十五位演員包括米契（Robert Mitchum）、哈克曼（Gene Hackman）、沙澤蘭（Donald Sutherland）、溫特斯（Shelley Winters）及墨瑞狄斯（Burgess Meredith）。歷來關聯度最佳的演員是誰？答案是史泰格（Rod Steiger）。

這些演員的名次為什麼遙遙領先貝肯？很重要的原因是貝肯遠比他們年輕，演出的電影少了很多。不過，這只是部分原因，例如，很多人雖然拍過很多部電影，但是關聯度並不算好。約翰韋恩從影六十年，參加過一百七十九部電影的演出，排名第一百一十六名，關聯度為二．七一七三。約翰韋恩演出的電影中，超過一半是西部片，代表他不斷和同類型的演員演出同類型的電影。

但是史泰格就完全不同，他曾經演過《岸上風雲》（*On the Waterfront*）這種得過奧斯卡金像獎的電影，也參加過像《共乘》（*Car Pool*）這種低級電影。他因《熱夜追緝令》（*In the Heat of The Night*）的角色得到奧斯卡金像獎，也拍過 B 級片，根本沒有機會在電影院播放，直接發行錄影帶。他扮演過義大利獨裁者墨索里尼、拿破崙、下令釘死耶穌的猶太執政官彼拉多（Pontius Pilate）及大流氓卡邦（Al Capone）。他參加過三十八部劇情片、十二部犯罪及喜劇片、十一部驚悚片、八部動作片、七部西部片、六部戰爭片、四部紀錄片、三部恐怖片、兩部科幻片，一部音樂片等。史泰格在演藝圈和所有人都合作過，因為他文武全才，生旦淨末丑各種角色都難不倒他。

這就是連結者的特質，連結者就是日常生活中的史泰格。因為他們在現實生活中，能夠扮演不同的角色，任何人透過幾層關係輾轉就能找到他們。史泰格能夠榮登榜首，除了他能夠飾演不同的角色之外，某種程度也和他的運氣有關。連結者能夠扮演不同的角色，除了本身個性使然之外，好奇心、自信、社交性及精力都有關係。

我在芝加哥遇見一位標準的連結者，她是芝加哥市文化局長魏絲伯格（Lois Weisberg）。這個職務是她一連串不平凡際遇及事業的最後一個註腳。早在一九五〇年代初期，魏絲伯格曾經在芝加哥主持一個劇團。一九五六年是大劇作家蕭伯納百年誕辰紀念，魏絲伯格特別為他舉辦戲劇節，並創辦紀念蕭伯納的報紙，後來轉型為一份地下週刊，刊名為《報》（*The*

Paper）。每週五晚上的編輯會議，出席人士來自芝加哥各個角落。執導《法國關係》（*The French Connection*）及《大法師》（*The Exorcist*）的佛萊德金（William Friedkin）是這裡的常客；名律師吉爾茲（Elmer Gertz）也經常出席，甚至當時才問世的《花花公子》，也有部分編輯與會。法默爾（Art Farmer）、蒙克（Thelonious Monk）、柯崔安（John Coltrane）及布魯斯（Lenny Bruce）等名人，只要人在芝加哥，也會出席這項會議。

布魯斯曾經和魏絲伯格同居過一段時間，魏絲伯格曾說：「家母對此非常不能諒解，有一天她來我們家，按了門鈴後，布魯斯就圍著一條大毛巾去應門。」「玄關有一個窗戶，布魯斯沒有房子的鑰匙，為了他，這個窗戶永遠開著。房子很大，有很多房間，住著許多人，有些人我都不知道他們住在裡面。我一直受不了他的笑話，也不太喜歡他的舉止，甚至無法忍受他的遣詞用字。」

《報》雜誌停刊後，魏絲伯格在一個殘障復健中心擔任公關。然後又到一個名為BPI的公益律師事務所工作，這段期間又迷上為芝加哥的公園請命。因為芝加哥的公園老舊且乏人照顧，她結合一些愛好大自然人士、歷史學家、社會運動人士，及家庭主婦，成立「公園之友」的遊說團體。後來，沿著密西根湖南岸的通勤火車即將停駛，她集合一群志同道合之士，包括鐵路迷、環保人士及通勤族組成南岸改造委員會，搶救這條鐵路。接下來她投入一個法律團體，任芝加哥律師協會的執行董事，然後她又參選國會議員。芝加哥第一位黑人市長華盛頓（Harold Washington）上台後，魏絲伯格應邀擔任特別事務主任。她離開公職後，在跳蚤市場擺了一個小攤子，然後又為達利（Richard Daley）市長工作迄今，擔任文化局長。

算一算魏絲伯格的經歷，她曾經隸屬八個不同的世界：演員、作家、醫師、律師、公園愛好者、政治人物、鐵路迷、跳蚤市場狂。我請魏絲伯格列出自己經歷過的圈子，她又加上建築師及社交圈，都是她現有職務必須接觸的人。不過，她可能太謙虛了，因為如果仔細觀察她一生的經歷，可以再細分為十五或二十個圈子，當然，這些圈子彼此相聯。連結者雖然涉足許多不同的圈子，卻有本事能夠把這些圈子串連起來。

有一次魏絲伯格搭乘火車到紐約，參加科幻小說作家大會，她遇到一位年輕的作家克拉克（Arthur C. Clarke），他對魏絲伯格很有好感，後來有機會到芝加哥時，就打電話給魏絲伯格。魏絲伯格回憶說：「他打公用電話問我，說他人在芝加哥，應該拜見哪些人。於是我請他到家裡來。」

魏絲伯格是五十年的老菸槍，聲音低沉粗糙，每說一句話就得停頓一下，好讓她吐出口中的煙。後來習慣成自然，甚至不抽菸的時候，她每講一句話也會停頓一下。「我打電話給休斯（Bob Hughes），他常常為《報》雜誌寫文章。」（停頓）「我問他，你知不知道在芝加哥誰有興趣和克拉克聊一聊？他說，有啊，艾西莫夫（Isaac Asimov，二十世紀科幻文壇大師）正好也在芝加哥，還有漢倫（Robert Heinlein）。之後他們都到我家來，坐在我的書房聊天。」（停頓）「後來他們打電話給我，說我是什麼來著，我記不得他們用的字眼。反正就是我能夠穿針引線，把一堆不相干的人湊在一起的意思。」

許多人會向非我族類，或者比自己更有名氣、更成功的人延伸觸角，但是對方不見得一定會禮尚往來。當時魏絲伯格在戲劇界，克拉克是科幻小說的作家，重要的是兩個人還互通消息。克拉克初到芝加哥，希望和其他人搭上線，魏絲伯格則為他找到艾西莫夫。她說，找到艾西莫夫是運氣，不過縱使不是艾西莫夫，她也會找到其他適合的人。這就是典型的魏絲伯格。她先向圈外人士求助。

魏絲伯格在五〇年代每週五召開的編輯會議，最令人懷念的就是所有種族自然而然就能和平共處。當時黑人白人齊聚一堂的情景非常罕見，但還是看得到。我的意思是，一九五〇年代芝加哥的黑人能和白人齊聚一堂，絕非自然形成，而是有心人士極力促成的。不管艾西莫夫及克拉克用什麼字眼形容魏絲伯格，他們指的就是她具備這種穿針引線的人格特質。

薇兒莉琪（Wendy Willrich）曾經為魏絲伯格工作，她說：「魏絲伯格一點架子都沒有。許多人寫信給魏絲伯格，她也都一封封親自看過。有一次我有機會與她前往某位專業攝影師的工作室，工作室的老闆是婚紗攝影師，邀請她前往參觀，她決定去一探究竟。我心裡想，老天爺，攝影室在機場附近，難道我們真要花四十五分鐘的車程到那裡嗎？這就是我們的芝加哥文化局長，她認為這位攝影師很有意思。」他真的很有意思嗎？天曉得！魏絲伯格就是這麼認為，其實她認為每個人都很有意思。她的朋友曾經告訴我，魏絲伯格「總是說：『天啊，我遇到天下最了不起的人物，你一定會喜歡她。』她對每一位初見面的人都是如此熱情，而且通常不會看走眼。」

她的朋友竇麗雅（Helen Doria）說：「魏絲伯格對你的了解，甚至超過你自己。」換句話說，魏絲伯格這種連結者天生具有一種本能，能夠找出自己和初識者之間的關聯。往外看著這個世界的魏絲伯格，或是飛機上你鄰座的霍邱，他們看到的世界和你我不同，他們看到的是天下無難事。大部分人忙著挑選自己想認識的人，排斥一些自己看不順眼、或住在機場附近、或六十五年沒有見過面的人，魏絲伯格及霍邱卻一一擁抱他們。

泛泛之交的能耐

社會學者葛蘭諾維特（Mark Granovetter）一九七四年發表的著名研究《求職》（*Getting a*

Job），非常適合說明連結者的功能。葛氏從波士頓市郊的牛頓市挑出數百位專業及技術勞工，仔細研究他們的求職經過。其中五六％是透過自己的人脈找到工作；一八・八％利用正式管道，例如廣告及獵人頭公司，另外約兩成的受訪者直接應徵。這個結果並不令人意外；求職最好是透過自己的人脈，先求入行。不過，葛蘭諾維特也發現，這些人脈大多屬於「泛泛之交」。利用個人關係找到工作的人，只有一六・七％把這層個人關係視為「經常來往」的關係，求職者和介紹人並不算密友；五五・六％的受訪者認為，雙方的關係只是「偶爾來往」；認定雙方關係是「少有來往」的比率達到二八％。因此，一般人不是靠朋友找到工作，靠的是一般的泛泛之交。

為什麼？葛蘭諾維特指出，無論是找新的工作、新資訊或新觀念，「泛泛之交」永遠比親密好友更重要。畢竟，親密好友和你屬於同一個圈子，他們可能是你的同事、鄰居，你們上同一個教堂、學校或參加同一個政黨，他掌握的資訊，恐怕比你多不了太多。反之，泛泛之交本質上和你屬於不一樣的圈子，比較可能知道一些你完全不了解的事物。葛蘭諾維特因此創造出一個相當傳神的說法：「泛泛之交的能耐」。

簡單來說，泛泛之交代表一種社會力量，你認識越多的泛泛之交，力量就越大。魏絲伯格和霍邱這種連結者，正是建立及維繫泛泛之交的大師，他們也具備超人的力量。我們依靠連結者，才能掌握良機，打進原本不隸屬的圈子。

當然，這項原則不僅適用於求職。餐廳、電影、流行時尚，或其他仰賴口耳相傳的事物，都一體適用。越接近連結者的人，不但力量越大、越有錢，機會也越多；此外，越接近連結者的觀念或產品，也一樣越有力量和越多機會。這難道就是Hush Puppies突然成為流行趨勢的原因嗎？從紐約東村到美國中西部，其間一定有一位或多位連結者在旁加持，透過他們龐大的社會關係、綿密的人際網絡，穿梭不同圈子及次級文化，並同步向外界發出訊息，造成這些觀念或產品能夠異軍突起，引領風潮。Hush Puppies的運氣很好，許多流行趨勢無法在美國落地生根、成為主流，原因恐怕就是運氣不佳，在發展的過程中沒有連結者給予認同。

霍邱的女兒莎莉告訴我一個故事。她有個朋友在新開張的日本餐廳當主廚，她特別邀請霍邱前去捧場。結果菜色很對霍邱的胃口，他回到家後馬上打開電腦，找出住在附近的泛泛之交，然後傳真一張便條給他們，告知發現一家好餐廳，請他們務必一試為快。簡單來說，這就是口耳相傳。但這又不是甲告訴乙，有家新餐廳的菜色不錯，乙再告訴丙，以此類推。而是有人告訴了像霍邱這種連結者之後，才展開真正的口耳相傳。

連結者的功力

李佛夜奔示警能夠造成口耳相傳的效應，陶氏一樣的動作卻未引起任何反應。兩者的差別就是李佛是連結者，他是那個時代的霍邱或魏絲伯格。例如，他也喜歡交朋友，而且交遊廣闊。根據當時報紙形容，他去世的時候，參加葬禮的人士有如「千軍萬馬」。李佛平常捕魚、打獵，喜歡玩牌、上戲院，經常泡酒館，也是成功的生意人。他在當地參加多種社會組織，是一位劍及履及的實踐家。

費雪（David Hackett Fischer）在他的名著《李佛夜奔》（*Paul Revere's Ride*）中指出，「李佛聰明絕頂，在發生任何事件後，他馬上能夠抓住重點，成為核心人物。」費雪寫道：

> 波士頓一七七四年率先引進街燈，李佛獲邀擔任相關委員會的委員。波士頓市場需要建立制度，李佛獲聘擔任執事。美國獨立之後，他很快就被推選為波士頓衛生官員及薩佛克郡的法醫。波士頓舊城為木造，因大火毀於一旦，他協助創辦麻薩諸塞共同火災保險公司，名列公司章程的第一人。美國的貧窮問題日益嚴重，他呼籲社會召開會議謀求解決之道，會後成立麻薩諸塞慈善職工協會，並當選第一任總裁。波士頓地區當時曾經爆發一連串血腥的謀

殺案，李佛被指定擔任陪審長。

如果李佛從一七七五年波士頓地區隨機抽選的兩百五十個姓氏中辨識，他認識的人絕對超過一百位。

一七七三年波士頓茶葉黨一案爆發後，美國殖民人士對英國統治者的憤怒首度開始向各地蔓延，新英格蘭地區開始成立數十個委員會，都是對英國政府不滿的人士組成。但是這些團體沒有正式組織，也沒有固定的集會方式。四處都有獨立的火種，李佛不負眾望，成為連接每個火種的樞紐。他定期單騎到費城、紐約或新罕布夏，在各個團體之間傳遞消息；他在波士頓城內也扮演特殊的角色。美國獨立革命期間，波士頓共有七個黨，成員共兩百二十五人。其中超過八〇％的人只隸屬一個團體，沒有人同時隸屬這七個團體。只有兩個人同時隸屬五個團體，李佛就是其中之一。

一七七四年，英軍準備採取祕密行動，要把革命團體斬草除根，並且摧毀後者的軍火庫，李佛自然而然成為反抗英國勢力的地下聯絡站，因為相關人士他都認識。假設你是一七七五年四月十八日下午偷聽兩名英國軍官談話的那位馬廄男孩，你一定會把這則大消息告訴李佛。李佛當晚到了列辛頓城後，想都不必想，自然就知道該如何傳遞消息，才能盡快讓最多的人知道。他一路上看到認識的人，不由自主地會把這則消息告訴他們。進入任何一個城鎮後，他也清楚誰是當地民兵的指揮官，誰是鎮上的關鍵人物，他知道要敲誰家的大門。他們也認識李佛，對他相當尊敬。

反觀陶氏，他騎了十七哩到列辛頓城，沿路居然沒有和一個人說過話。陶氏的交際手腕顯然不像李佛那麼好，因為當晚沒有人記得曾經和他說過話。費雪寫道：「李佛向北傳遞消息，沿路經過的城鎮，相關的領導人立刻對內示警；陶氏往南傳達警訊，沿路經過的城鎮稍後才有所反應，甚至還有一個城鎮完全無動於衷。在羅斯貝利、布魯克林、華特城或華爾盛等城鎮，陶氏沒有叫醒當地的神父或民兵指揮官。」為什麼？因為這些城鎮不是陶氏土生土長的波士頓。此外，陶氏的社交圈子和普通人一樣，他一旦離開自己的故鄉，可能就不知道該敲誰家的大門才有用。只有華爾盛農場這個小城鎮受到陶氏的影響，但是也只有少數農民接獲警訊，無法形成一傳十、十傳百的風潮，這是連結者的工作，而陶氏不過是一般老百姓。

專家

不過，千萬別以為引爆社會風潮唯一的關鍵就是連結者。霍邱發出十二封傳真信，推銷女兒朋友的新餐廳，可是這家餐廳不是他發現的，他是透過女兒介紹才得知這家餐廳的。Hush Puppies 竄起的過程中，是由連結者發現，並且大加推廣，四處宣揚這種鞋子很酷。但是連結者又如何得知這種鞋子呢？他們可能是從隨機的管道取得新資訊，因為他們交遊廣闊，任何圈子冒出新事物，他們馬上就能得知。只要仔細觀察社會流行趨勢就可以了解，我們靠某些人為我們建立人脈，也依賴某些人為我們接觸新資訊，所以世界上有人脈專家，也有資訊專家。

當然，有時候這兩種專家能夠合而為一。例如，李佛的特異功能在於，他不僅建立一套人際網絡，也不僅是殖民時代波士頓地區人面最廣的人，他更積極蒐集有關英國的情報。一七七四年秋季，他成立一個祕密組織，定期在綠龍酒館（Green Dragon Tavern）聚會，宗旨就是監視英軍的活動。當年十二月，這個組織發現，英軍準備攻擊距離波士頓以北五十哩的普茨茅斯港，沒收當地殖民地民兵的軍火。十二月十三日清晨寒風刺骨，李佛冒著大雪騎馬北上，通知當地民兵，英軍即將來襲。他不但蒐集情報，而且負責傳遞。他不但具備連結者的特質，也是專家。有三種人能夠主導口耳相傳的流行風潮，專家正是其中的第二種。

專家（Maven）這個名詞源自意第諸語，意思是蒐集知識的人。近年來，經濟學者花了很多時間研究所謂的「專家」，他們了解到如果市場依賴知識，那麼擁有最多資訊的人，就是最重要的關鍵。例如，超級市場為了提升特定產品的銷售量，可能會在產品前放上促銷牌子，寫著「今天特價！」的字眼，其實並沒有降價；只是擺一個牌子做做樣子。不過，這種產品的銷量仍然長紅，彷彿真的降價了。

仔細想想這則訊息，背後隱含的意義令人不悅。基本上，我們認定，消費者非常在意價格，並且會採取適當的反應：商品降價，就多買一些，漲價就少買一些。如果商家實際上並沒有降價，消費者仍然願意多買，那麼超級市場為什麼會願意降價？商家又為什麼不繼續以「每日特價」的招牌愚弄消費者？因為每位零售商都知道，雖然大部分人不太在意價格，但少數人會注意，而且這些人如果發現商家不老老實實降價，他們會採取反制動作。商家如果經常玩這種假降價的把戲，總會被一些消費者識破，向主管當局申訴，並且轉告親朋好友不要再來光顧這家商店。天下就是有這種消費者，商家才會老實作生意。經濟學者首度發現這種追根究柢的消費者後，在十年內花費大量精神研究他們。他們發現，各行各業、甚至各種社會經濟團體都有這種消費者。有人稱呼他們是「價格義警」，比較通俗的名稱是「市場專家」。

普萊絲（Linda Price）是內布拉斯加州大學行銷學教授，她率先研究這種專家，訪談若干市場專家，並且把過程製成錄影帶。其中之一是一位衣冠楚楚的男子，非常生動地描述自己購物的過程。以下是這部分訪談完整的內容：

因為我很注意財經版，並且會觀察一些趨勢。例如十年前咖啡突然供不應求，我開始注意巴西的霜害問題，以及霜害對咖啡價格長期的影響，因此，我告訴自己要囤積一些咖啡。

此時，這名男子突然笑得很開心。

最後我大概囤積了三十五罐到四十罐咖啡。當時三磅裝的咖啡一罐是二．七九美元及二．八九美元……如今一罐約為六美元。我囤積得很高興。

這個傢伙居然記得住十年前一罐咖啡的價錢，而且小數點後面兩位數都記得，你不覺得他走火入魔了嗎？

關於專家，很重要的一點是，他們不只是被動蒐集情報，也不僅以低價買到一罐咖啡就滿足了，一旦知道如何能夠買得更划算，他們一定要和別人分享這個好消息。

普萊絲說：「市場專家就是對許多產品、價格或地點都瞭如指掌的人。他們喜歡主動和消費者討論問題，並且為消費者排憂解惑。他們喜歡在市場伸出援手，例如，他們會四處發送折價券，帶你去買東西，甚至幫你買東西……並且，他們發送折價券的份數是一般人的四倍。他們在一般人和市場之間搭起橋樑，而且掌握市場的內幕情報。到零售店找不到洗手間，問他們就對了，這些都屬於他們的專業知識。他們比一般專家更專家，一般專家會和你談汽車，因為他們對汽車愛不釋手，但是他們不是因為對你愛不釋手才和你討論汽車，或者希望你下定決心購買哪種汽車。市場專家才是如此，他們比較從交朋友的角度出發。」

普萊絲說，超過一半的美國人認識一位這種市場專家，或者符合這種人格特質的人。事實上，她本人在唸研究所的時候就遇到這種人，至今難忘。這名男子的個性完全符合行銷圈當前的研究主題。

普萊絲說：「我當時在德州大學攻讀博士，完全沒有想到自己會遇到一位百分之百的市場專家。他是猶太人，當天正好是復活節，我想找一種火腿，因此請教他。他說：『你知道我是猶太人，不過有一家熟食店你可以去找一找，合理價錢應該是……』」普萊絲說到這不禁笑了出來。「你應該採訪他，他的名字是艾伯特（Mark Alpert）。」

通曉萬事

艾伯特現年五十多歲，高高瘦瘦，但精力充沛，一頭黑髮，鼻子高挺，一對閃耀著智慧的小眼睛。他說話很快，但是用字精確，而且權威感十足。他不會說昨天很熱這種含糊籠統的話，他只會說昨天最高溫度華氏八十七度。他上樓梯從來不用走的，而是像個小男孩一路跑上去。他給人的印象是，對任何事情都有興趣，也都充滿好奇心。雖然年紀不小了，你給他一套兒童的化學實驗玩具，他會馬上當場開始調配出奇怪的配方。

艾伯特在美國中西部長大，父親創辦明尼蘇達州北部第一家折扣商店。他在南加州大學拿到博士學位，如今在德州大學商學院任教。身為經濟學家，和他成為市場專家毫無關係，縱使艾伯特是水電工人，他對市場的運作方式仍然瞭若指掌。

我們約好在奧斯丁一家面湖的餐廳吃午餐。我先到，隨便選了一張桌子。他到了之後，勸我換張好一點的桌子，結果真的比較好。我請教他如何購物，他開始打開話匣子。他先說明自己為什麼裝有線電視，而不是購買碟型天線，收看衛星節目。然後又告訴我馬丁（Leonard Maltin）最新電影指南的內幕消息。他認識曼哈頓公園中央大旅館的員工，住房可以省不少錢（旅館房間的牌價是一百八十九美元，但是九十九美元就可以搞定）。他還解釋，牌價就是旅館房間的零售價格，但是很有彈性。他指著我的錄音機說：「你的錄音帶已經結束了。」果真如此。

他告訴我為什麼不應該購買奧迪的汽車，「他們是德國人，和他們打交道本來就很痛苦。有一陣子他們私下會提供保固，如今已經沒有了。經銷商網路很小，因此售後服務不太保險。我喜歡開奧迪的車子，可是我不會買這種汽車。」他還告訴我，我應該買的汽車是水星的奧祕（Mercury Mystique），因為這種汽車駕駛的感覺像是高價的歐洲房車。「這款汽車銷路不佳，因此，你還可以再殺價。你到大型經銷商去買，而且要在每個月的二十五號去。你知道的……」

然後他又開始不厭其煩地說明，他為了購買一部新電視機花了好幾個月的過程。其中包括退貨、辛苦比較各種細節和保固期等，任何人有過這種經驗，一定會覺得不是人幹的事情，艾伯特卻樂在其中。普萊絲指出，市場專家會一字一句地閱讀《消費者報導》（*Consumers Reports*）。《消費者報導》的資訊如果有誤，艾伯特甚至會去函要求更正。「有一次《消費者報導》宣稱，奧迪四〇〇〇是從福斯的Dasher改良而來。當時是七〇年代末期，其實奧迪四〇〇〇的車型更大。我寫了一封讀者投書，然後又爆發奧迪五〇〇〇的問題，因為這款汽車會突然加速，《消費者報導》建議消費者不要購買這款汽車。但是我在其他文獻看過這個問題，知道這種說法不正確，因此我再度投書，要求他們調查此事。我提供了若干資訊，但是並沒有收到回信，我非常生氣，因為《消費者報導》應該有這種雅量。」艾伯特不屑地搖搖頭。《消費者報導》素有「市場專家聖經」之稱，艾伯特卻能打敗聖經。

艾伯特雖然本事很大，卻不是那種令人生厭的萬事通。艾伯特也提醒自己，不要惹人厭。「我在一家超級市場看到一個小鬼，拿出自己的身分證明，店家才允許他購買香菸，」艾伯特對我說，「我當時很想告訴他，我已經罹患肺癌。總之，想幫忙或影響別人的念頭有時候會逾越分際，反而變成多管閒事。我一直想當一位被動的市場專家……你得提醒自己，這是他們的決定，他們的人生。」所幸，別人永遠不覺得他在炫耀自己的知識。他投入的程度會適可而止，他不是在演戲，他的作為非常類似霍邱及魏絲伯格在社交活動上的本能。訪談之間，艾伯特開始敘述如何善用折價券到百視達租錄影帶。後來他似乎了解自己說得太瑣碎，馬上就住口不語，然後笑著說：「總之可以省下不少錢！一年下來可能可以買一瓶酒了。」

艾伯特樂於助人，幾乎到了走火入魔的境界，連他自己也克制不了。艾伯特說：「市場專家通常是藉著解決自己的問題來解決別人問題的人。」的確如此，但我懷疑，反過來說也成立：唯有解決了別人的問題，市場專家才能解決自己的問題，也就是滿足自己的情緒。艾伯特內心深處知道，日後我購買電視機、汽車或者在紐約投宿旅館時，都會借助他提供的情報。

「艾伯特是一位無私無我的大好人，」德州大學同事麥克艾里斯特（Leigh MacAllister）告訴我，「我剛到奧斯丁，他就幫我省了一萬五千美元。我買房子的時候，他幫我談價錢，因為他了解不動產這一行的運作情形。我要買洗衣機、乾衣機，也是靠他才買得物美價廉。我需要一輛汽車，結果我選中富豪（Volvo），因為我想像艾伯特一樣。他告訴我網路有一種服務，可以提供全德州所有富豪汽車經銷商的價格，然後再陪我到現場。德州大學的退休金儲蓄方案相當複雜，我靠他才弄清楚。有了他，一切事情變得很簡單，也井井有條。這就是艾伯特，他是市場專家。老天保佑他！就是這種人，才顯出美國制度的偉大。」

樂於助人

在引爆一場流行趨勢的過程中，艾伯特這種人為什麼舉足輕重？他們知道的事情比我們多許多，他們看的報章雜誌相當多，而且恐怕也只有他們會閱讀垃圾郵件。艾伯特也是電子器材的大行家，電視機或攝影機的技術如果有任何突破，而你又是他的朋友，那麼你一定很快就知道相關的新發明。市場專家具備知識，也具有社交能力，足以引爆一場口耳相傳的趨勢。市場專家的重要性不在於他知道得多少，真正關鍵的是他如何傳遞這些情報。市場專家樂於助人，這是他們伸出援手的唯一原因，因此很容易引起別人注意。

李佛夜奔引起極大迴響，部分原因也是在此。英軍即將來犯的消息不是靠傳真機散布，也不是大宗電子郵件，當時更沒有電視的新聞快報，而是有人自告奮勇，為了同志們的自由，在寒冷的夜晚單騎示警。Hush Puppies 也是如此，這雙鞋引起連結者的注意，因為它不是出自商業目的的廣告活動。也許一位流行時裝專家在東村尋找新靈感，在舊貨店發現 Hush Puppies 又酷、價格又便宜，馬上轉告親朋好友。這種市場專家的專業意見毫無個人的利害關係，可以馬上令我們心悅誠服。札格特（Zagat）餐廳指南為什麼大受歡迎？部分原因是這本指南介紹特定城市的所有餐廳，十分方便。更重要的是，撰寫這本指南的作者都出於志願，他們本身也是饕客，喜歡和同道分享心得。比起專業的餐廳評等人員，他們的建議更能打動人心。

我訪談艾伯特時不經意提到自己近期內要到洛杉磯。「有個地方我很喜歡，地點在威斯伍，」他脫口而出說，「名字是世紀威夏爾（The Century Wilshire），屬於歐式小客棧，提供住宿及早餐。房間很不錯，又有溫水游泳池、地下室停車場。我上次是五、六年前去過，房租七十美元起，小型套房是一百一十美元。住宿一週另有優惠，旅館還有免付費的詢問電話。」由於他是專家，因此，我到洛杉磯的時候真的住進這家旅館，一切誠如他所形容的那麼美好，而且有過之無不及。我返家後的幾個星期內，也向兩位朋友推薦這家旅館，這完全不像是我的作風，兩個月後，我開始猜想接受我推薦的這些朋友，有多少人會再推薦給他們的朋友。而除了我之外，艾伯特又向多少人推薦過這家旅館呢？

艾伯特以口耳相傳，發動的這場流行趨勢，我知道自己已經被捲入其中。艾伯特不像霍邱，他可能不是「收藏家」，因此他不具備相同的傳染力。不過，你準備前往洛杉磯前夕，如果和霍邱聊天，他可能不會建議該住哪家旅館，但艾伯特就一定會發表意見。萬一霍邱向你推薦旅館，你可能接受，也可能不會接受，你看待霍邱的建議，就像看待其他朋友的建言一樣認真；但如果建議來自艾伯特，你一定會遵照辦理。「收藏家」可能會告訴十位朋友，到洛杉磯應該住哪家旅館，聽他話的人可能正好一半；市場專家也許只會告訴五個人在洛杉磯應該住哪家旅館，但是由於他強力推薦，結果所有人都會聽從他的建議。兩種人的個性不同，提出建言的背景也不一樣。但是他們都有能力帶動口耳相傳的風潮。

推銷員

市場專家不是說客。艾伯特的動機是教育大眾及助人為樂，他不會硬逼你就範。事實上，我採訪他的時候，他似乎向我在打探一些消息，看看我有沒有他可以參考的資訊。市場專家是位誨人不倦的老師，更是孜孜不倦的學生。市場專家其實就是情報仲介，和別人分享及交換他的專業知識。然而，要在社會掀起一波流行風潮，必須有很多人被說服，有志一同地從事某件事。例如，購買Hush Puppies的年輕人中，許多人以前打死也不願穿這種鞋子。同理，李佛傳遞警訊後，你可以想見民兵立刻開始集結備戰，準備翌日清晨和英軍決戰。但是並非所有人都自動自發、請纓一戰，有些人希望求和；有些人抱持疑慮：一群雜牌軍要如何對抗訓練有素的職業軍隊。也有人和李佛毫無交情，懷疑他的情報是否正確。雖然幾乎所有人都會屈服於同儕壓力，但同儕壓力不是招之即來、揮之即去，得先有人向同儕施壓，才會出現所謂的同儕壓力。**在社會風潮中，市場專家就是資料銀行，他們提供資訊。連結者則是社會黏膠，他們負責散布資訊。另外還有一種人——推銷員，他們具有特殊技巧，能夠說服我們。**在口耳相傳的流行趨勢中，推銷員和連結者及市場專家都是要角。哪些人是推銷員？他們為什麼這麼有本事？

葛爾（Tom Gau）在加州托倫斯擔任財務規劃師，所屬的卡維許及葛爾公司（Kavesh and Gau）是南加州最大的財務規劃公司，也是全美最大的財務規劃公司之一，他每年賺進數百萬美元。莫恩（Donald Moine）是行為心理學者，他針對「說服」這個主題寫過很多文章，極力推薦我去找葛爾，因為葛爾「具有魔力」。葛爾目前推銷的是金融規劃服務，如果他願意，他可以銷售任何東西。要了解說服他人的人格特質，從葛爾身上找出蛛絲馬跡就對了。

葛爾現年四十多歲，雖然談不上美男子，但是長得不錯，有點像演員艾略特（Sam Elliot）。他身材中等、略瘦，一頭濃密的黑髮，蓄有鬍子，有點怯生生的表情。如果他騎上馬，再加上一頂帽子，活脫脫就是個牛仔。我們見面後，他和我握手。不過，後來他告訴我，通常他第一次和人見面，如果是男性，他會擁抱他；如果是女性，他會親她一下。厲害的推銷員都是天生熱情洋溢，葛爾也不例外。

「我愛客戶，你懂嗎？我對客戶可以赴湯蹈火，」葛爾說，「我把客戶當成自家人。我告訴客戶，我有兩個家庭。一個家庭是老婆、孩子，另一個就是你。」葛爾說話很快，有時候他一個人唱獨角戲，速度更快。他常常自問自答說道：「我熱愛我的工作。我熱愛我的工作。我是工作狂，我每天早上六、七點就到公司，晚上九點才下班。我管理的資金相當龐大，我是全美國一流的生產者之一。不過，我對客戶不是這麼說的，因為它不是我的人生目標，我在這裡是要幫助別人的，我喜歡幫助別人。現在我已經不需要工作，我在財務上已經沒有後顧之憂，為什麼每天還要工作這麼久呢？因為我喜歡幫助別人。我喜歡和人接觸，建立友誼。」

葛爾號稱，他所屬公司提供的服務及專業，在其他公司很難找得到。他辦公室對面有一家律師事務所，是卡維許和葛爾公司的相關企業，負責處理遺囑、生前信託及其他和財務規劃相關的法律事務。葛爾也聘請保險專家，處理保險相關事務；旗下還有證券營業員，負責投資事務；另外針對年紀較大的客戶，也有專人處理退休事務。

莫恩曾經和葛爾攜手，發表一本所謂的財務規劃聖經。莫恩認為，銷售高手和一般推銷員的差別在於，面對客戶提出的疑問，前者的答案在質和量上都遠勝於後者。莫恩錄下葛爾針對客戶問題的所有答案，再寫進這本財務規劃聖經中。他們算出來，財務規劃師得回答客戶約二十個問題或主張。例如，準客戶會說：「我自己可以規劃。」針對這項主張，財務規劃聖經會提供五十個答案。「你難道不怕自己可能一步錯，滿盤輸嗎？而且又沒有人能夠適時伸出援手。」也可以這麼回答：「我相信你非常善於管理資產，可是你知道嗎？大部分老婆活得比老公久，如果老公發生不幸，老婆能夠獨自處理一切嗎？」

我想，有人會買下這本財務規劃聖經，記住每一個問題的答案，假以時日，他會非常熟悉哪種客戶最適用哪種答案。根據這本書的標準，說服他人的效果高低要看說服者遣詞用字是否合理及恰當，如果你完全照本宣科，你和客戶的互動關係就會和葛爾一樣。不過，完全依照財務規劃聖經的話技術行事，說服力是否真能和葛爾一樣好？恐怕不見得。葛爾說服別人的功力，似乎遠在他的遣詞用字之上。他似乎有種說不出來的魅力，很容易感染他人，並且令人難以抗拒，遇到他的人都會同意他的看法。這是一種能量、熱情、魅力，也是一種可能性，更是一種難以言表的東西。訪談中，我問葛爾，他快樂嗎？他馬上從椅子上跳起來。

「我很快樂，我可能是你見過最樂觀的人。你所認識最樂觀的人，他樂觀的程度再乘以一百次方，就是我樂觀的程度。你知道，正面思考的力量能夠克服很多事情，而許多人都有負面思考的傾向。有人會說，你不能這麼做。我的想法是，為什麼？五年多前，我們搬到奧勒岡州的艾許藍，找到一幢非常喜歡的房子，這房子託售已經有一段時間，但是價錢有點貴。我告訴我老婆，我會出一個低得離譜的價錢；她說，對方不會接受的。我說，也許不會，反正出價也不會讓我們少塊肉，最壞的結果是他們真的不接受。我不會侮辱他們，只是說明我為什麼會出這麼低的價錢。你猜怎的？他們最後竟然接受我的出價。」葛爾告訴我這個往事的時候，我彷佛看到他回到艾許藍，說服屋主以低得離譜的價錢賣掉自己的房子。「天殺的，」葛爾說，「反正不試，一定不會成功。」

非關言語的說服力

人或事的說服力為什麼有高有低？這個問題不像表面上那麼單純，原因並不明顯，只是我們得看到才會知道。以下舉兩個來自心理學界的例子。一九八四年美國總統大選由雷根（Ronald Reagan）和孟岱爾（Walter Mondale）兩人對決，距離投票日八天前，雪城大學（Syracuse University）一群心理學者在穆藍（Brian Mullan）的指揮下，錄下三大全國電視網的夜間新聞。當時的主播分別是美國廣播公司（ABC）的詹寧斯（Peter Jennings）、國家廣播公司（NBC）的布洛考（Tom Brokaw）及哥倫比亞廣播公司（CBS）的拉瑟（Dan Rather）。穆藍從錄影帶節錄出和兩位候選人有關的段落，最後共有三十七段，長度大約都是二・五秒。消音後，由隨機挑選的實驗對象觀看這些片段，他們必須為每個段落中每位主播的表情打分數。實驗對象不知道實驗的主題，也不知道主播在說些什麼。他們只需要根據三位主播的臉部表情，給予零到二十一分不等的分數，分數最低代表「最負面」，分數最高代表「最正面」。

結果令人驚訝。拉瑟播報孟岱爾新聞的得分是十・四六分，表情幾乎完全中性；播報雷根相關訊息的分數是十・三七。無論共和黨或民主黨，他提及時的表情都沒有兩樣。布洛考也一樣，孟岱爾和雷根兩個部分的得分分別是十一・二一分及十一・五〇分。但是詹寧斯的結果就截然不同。他在孟岱爾的部分，得分十三・三八分，但是提到雷根的時候，他的得分高達十七・四四分。

穆藍及同僚希望為詹寧斯找出合理的解釋，也許詹寧斯比其他兩位主播更容易流露感情？答案似乎相反。實驗對象也看過三位主播的控制組反應，例如，播報甘地的葬禮，或者在醫治一項先天性疾病上出現重大突破等絕對快樂或悲傷的新聞。詹寧斯播報快樂新聞時的得分不比別人高，播報悲傷新聞時的得分也不比另外兩位主播低。事實上，在三位主播中，他似乎最不會流露感情。詹寧斯是否臉上一直帶有快樂的表情呢？答案又是否定的。在「快樂」的對照組，詹寧斯的得分是十四・一三分，遠低於拉瑟及布洛考。根據這項研究，唯一合理的結論是，詹寧斯對雷根「展露出正面的臉部表情明顯可見」。

這項研究還有更精采的部分。穆藍和同事繼續調查全美幾個城市，鎖定定時收看晚間新聞的實驗對象，了解他們在總統大選時投票給誰。結果收看ＡＢＣ新聞的實驗對象，投票給雷根的比率遠高於收看ＣＢＳ或ＮＢＣ的觀眾。以克里夫蘭為例，收看ＡＢＣ新聞的觀眾中，七五％投給共和黨，ＣＢＳ或ＮＢＣ的觀眾投票給共和黨的比率只有六一．九％。麻薩諸塞州威廉鎮，ＡＢＣ的觀眾投票給雷根的比率為七一．四％，其他兩大電視網的觀眾只有一半投票給雷根；賓州的艾禮，觀眾投給兩者的比率分別是七三．七％及五〇％。詹寧斯的表情對雷根較友善，似乎影響收看ＡＢＣ新聞的觀眾及他們的投票行為。

ＡＢＣ新聞部自然對這項研究嗤之以鼻。穆藍說，就他所知，他是唯一被詹寧斯罵「混球」的社會科學學者，真是難以置信。我認為，大部分人直覺會認定這項結論倒因為果：雷根的支持群眾是因為詹寧斯的立場才收看ＡＢＣ的新聞，而非後者影響前者。但是穆藍提出確鑿的證據，說明自己的觀點。例如，在題材選取等其他方面，ＡＢＣ是三大電視網中對雷根最不友善的，因此共和黨基本教義派把ＡＢＣ新聞看成死對頭，也就不意外了。四年後杜凱吉斯（Michael Dukakis）和布希（George Bush）角逐總統寶座，為了證明自己的研究結果可長可久，穆藍重複這項實驗，結果仍然一樣。「詹寧斯提及共和黨候選人時，展露比較多的笑容，」穆藍說，「根據電話調查，收看ＡＢＣ新聞的觀眾比較傾向於投票給布希。」

以下再舉一個例子，說明說服別人的微妙之處。一家生產高科技耳機的公司，甄選很多學生從事一項市場研究。公司想要了解這些學生在做激烈動作時耳機的效果，例如上下跳動或搖頭晃腦。這些學生先聽一段蘭絲妲特（Linda Ronstadt）及老鷹合唱團的歌曲，然後再聽一段時事評論，主題是大學學費是否應該由目前的五百八十七美元調高為七百五十美元。研究單位把學生分為三組，其中三分之一的學生聽到有關學費的評論時必須上下猛點頭，另外三分之一必須猛搖頭，最後三分之一是控制組，他們必須不搖頭也不點頭。研究結束後，學生們要填寫一份小問卷，說明歌曲的音質及搖頭晃腦時耳機的效果。最後一項問題才是研究人員真正想知道的：「你認為大學學費每年應該多少錢？」

這項問題的答案和上述主播們的調查一樣難以置信。維持腦袋不動的學生，對於那段評論也無動於衷。他們認為，恰當的學費金額是五百八十二美元，相當於目前的學費水準。邊聽評論邊搖頭的學生，強烈反對調高學費，雖然他們以為自己只是在測試耳機的品質，他們希望每年平均學費能夠降到四百六十七美元。至於頻頻點頭的學生，覺得這篇評論很有道理，他們希望學校調高學費，平均金額是六百四十六美元。只是單純要求學生們點頭，就足以讓他們願意從荷包裡多掏點錢來支付學費。從某種角度來看，學生們的點頭和詹寧斯在一九八四年大選期間的笑容，具有異曲同工之妙。

葛爾或其他推銷員能夠無往不利，我認為，從上述兩項實驗可以找出原因。首先，**小動作**

能夠造成大轉變。在耳機的實驗中，對於不搖頭也不點頭的學生，那篇評論一點效果都沒有。然而實驗對象一旦開始點頭，同一篇評論居然發揮強大的說服力。在詹寧斯的案例中，穆藍指出，一般人一些不經意的小動作雖然傾向於支持某位候選人，但通常不會影響大局。但是一般人收看電視新聞時通常毫無戒心，因此雖然小小動作，影響可能相當深遠。

穆藍指出，「一般人看電視新聞時，不會特意過濾一些偏見，或者對播報員的表情有意見。主播們不會明目張膽地說：『這位候選人太棒了，你應該投票給他。』由於主播不是透過語言傳遞這項訊息，我們也不會自動過濾。他傳遞的訊息難以察覺，因此比較容易滲透到人心，我們很難防範。」

這些研究也發現，非口語的暗示和口語的暗示一樣重要，甚至有過之無不及。我們說話時周遭的環境，可能比我們說的話更重要。詹寧斯並沒有在新聞中夾帶各式各樣讚美雷根的好話，事實上，ABC是對雷根最不友善的三大電視網。耳機實驗則是由艾伯塔大學的威爾斯（Gary Wells）及密蘇里州立大學的貝提（Richard Petty）共同主持，他們的結論之一是：「看電視時，觀眾的頭部如果隨著影像不斷上下搖動，廣告的效果最大。」光是肢體動作及觀察，對我們的感覺及思慮就能產生深遠影響。

第三個、可能也是最重要的結論是，**說服他人的方式往往出乎我們意料之外**。微笑及點頭已經不算是潛意識的動作，它們雖然微不足道，卻是直截了當、而且明明白白的動作。在耳機實驗中點頭的學生，絕對不會說自己是因為收聽評論時點頭，才贊成調高學費。他們可能會回答，自己覺得這篇評論很有道理或很有遠見。他們會把自己的態度，歸因於一些比較明顯、合理的原因。同理，投票給雷根的ABC觀眾絕對不會承認，因為詹寧斯每次提及雷根總統時都面帶微笑，自己才會選雷根。他們會說，他們喜歡雷根的政策，或者他們認為雷根幹得不錯。他們絕對不相信自己會受到一些微不足道的小動作所左右，例如播報人員的微笑或點頭。葛爾的說服力為什麼這麼強？要找出答案，我們必須深入了解微不足道、祕而不宣的小動作，而不只著眼在他的口才上。

由外而內的情緒感染

兩個人說話時會發生什麼事情？就是「說服」。我們說話通常有來有往，我們會洗耳恭聽，也會打斷別人的談話、搖動雙手。我和葛爾坐在一間中型辦公室進行訪談，我坐的椅子就在他桌子前，我的雙腿交叉，膝蓋上有記事本和筆。我當時穿著藍色襯衫、黑色長褲和黑色外套。他坐在桌子後的高背椅上，穿著一條藍色西裝褲和白色襯衫，打著一條紅色領帶。他有時候上身前傾，手肘放在身前。有時候靠著椅背，兩手在空中舞動。桌上除了我的錄音機之外，空無一物。如果你看過我們對話的錄影帶，當時周遭環境就是如此。不過，如果以慢動作觀看這捲錄影帶，你會發現幾十分之一秒的畫面上，我們兩個人似乎在跳一場非常複雜及精密的舞蹈。

這種稱為「文化微節奏」（cultural microrhythms）的研究，是由康登（William Condon）率先提出。他在六〇年代發表一項著名研究，將一段四．五秒的影片解碼，這段影片內容是一位家庭主婦吃晚餐時對一名男子及一名小孩說話：「你們應該每天晚上回家吃飯，我們好幾個月沒有共進晚餐了。」康登把這段影片分成很多格，每格相當於四十五分之一秒，然後一看再看。他形容：

> 要仔細研究這段影片的架構及先後次序，就得從自然主義者及動物行為學的角度分析。如果你老老實實看上幾千個小時，自然會出現一套模式。就好像雕刻，你需要不斷研究，才能發現新的秩序。當我一而再、再而三觀看這段影片，卻對人類現今溝通的環境產生不同的看法。這段影片可以算是一種模型。你發出訊息，別人再把訊息傳回來，訊息來來去去，到處都有，但其中卻大有蹊蹺。

康登花了一年半的時間反覆推敲這段影片，終於看到預期的意義，「每當老公舉起手，老婆就會轉過頭去。」他以此為起點，找出其他微不足道的小動作，及一再重複的行為模式。除了說與聽之外，影片中的三個人也在做康登所謂的「同步互動」（interactional synchrony），他們的對話有一定的節奏。假設每格影片是四十五分之一秒，每隔一、二或三格，每個人就會動一動肩膀、臉頰、眉毛或手，然後停下來，換個方向，從頭再來一次。此外，這些動作和各自說話的時機配合得天衣無縫；一邊說話，一邊還能注意到抑揚頓挫及語氣的強弱，說話的人實際上是隨著自己的句子在跳舞。同時，對方也在聞音起舞，配合同一節奏動一動五官、身體、肩膀、手。隨著同一首歌起舞的人，跳舞的方式未必完全相同；同理，隨著同一組節奏說話的人，也不見得以相同的方式移動自己的身體。不過，每個人各種小動作的起迄時機，卻能協調得絲絲入扣。

後續研究發現，人類不僅姿勢會協調，對話也有一定的節奏。兩個人說話的時候，他們的音量及音調也能彼此平衡。語言學者把每秒鐘發出的音節數稱為「語速」，兩個人對話時，不但語速能夠平衡，甲停止說話到乙開始說話之間的時間，也能配合得很好。兩個人的說話模式也許大異其趣，但是他們幾乎馬上就能找到共同的基調，我們都是這樣長大的。剛出生一、兩天的嬰兒，頭、手肘、肩膀、屁股及雙腳都會隨著成年人的說話模式搖動。人類與猿猴之間部分相通，因此，也有同步互動的傾向。

葛爾和我面對面坐在他的辦公室內，幾乎馬上就在肢體及語言上取得協調，換句話說，我們彼此已經共舞。他在說服我之前，就利用他的肢體動作及語言，和我形成一種默契。為什麼我和他之間的接觸如此特別，比我日常生活中其他的對談還令人讚嘆呢？葛爾並沒有刻意和我取得默契。有些介紹銷售技巧的書，建議業務人員模仿客戶的姿勢及說話風格，才能建立彼此的信賴關係。結果證明沒有用，客戶反而更不自在，因為這種動作不是出自真心。

前文討論的是一種超級反射心理，這種基本的生理反應，我們所知有限。反射心理和其他人類特質一樣，有些人比較強烈。所謂的個性強勢或容易說服他人，意思就是你能引導別人進入你自己的節奏，或者主導兩人的互動狀態。某些研究中，和老師之間高度契合的學生比較快樂、比較熱中學業，也比較輕鬆自在。

我和葛爾在一起的感覺是自己受到誘導，兩個人的談話完全依照他的架構進行，我完全無法自主。我覺得自己慢慢和他同步。賓夕法尼亞州立大學安南伯格傳播學院教授卡培拉（John Cappella）指出，「厲害的音樂家和演說家都知道，聽眾什麼時候已經和他們合為一體，無論點頭或靜止不動，每個肢體動作都代表他們的專心一意。」我原本有意抗拒葛爾的魔力，卻不得不承認自己失敗。某種程度來說，推銷員的本質就是令人難以拒絕。莫恩形容葛爾時說：

「大部分人要花半個小時，才能和他人建立起信任及同步的關係，葛爾只需要五到十分鐘。」

兩個人談話的時候，肢體及聽覺不但會自然而然進入和諧狀態，他們還會模仿彼此的肌肉運動。假設你展示一張面帶微笑或深鎖雙眉的照片，對方也會微笑或皺眉頭，他們的肌肉動作也許稍縱即逝，只有電子感應器才能捕捉到這些小動作。如果我用鐵鎚敲打自己的拇指，旁邊的人大多會出現痛苦的表情，彷彿在揣摩我的心態，感同身受。這就是所謂的同理心。我們模仿對方的情緒，不但可以表達對他們的支持及關懷，甚至這就是溝通的基本方式。

心理學者海特費德（Elaine Hatfield）、卡西歐波（John Cacioppo）及歷史學者拉普森（Richard Rapson）於一九九四年共同發表名著《情緒感染》（*Emotional Contagion*）一書，他們指出，模仿也是人類感染情緒的方式之一。換句話說，我對著你微笑，你看到後如果也報以微笑，即使微笑稍縱即逝，其意義不僅是你模仿我，或者和我感同身受，這也是我把自己的快樂傳遞給你的方式之一。

情緒具有感染性，這絕對出自直覺，周遭有人很開心，我們多少也會覺得心情不錯。但仔細想想，其中的因果滿不理性的；因為我們通常認定，內心的感受會反映在臉部表情上，我覺得高興，自然會微笑，覺得難過，眉毛自然會打結，情緒是由內而外。不過，情緒感染的方式卻顯示，它也可以由外而內。如果我能讓你笑一笑，代表我讓你高興；如果我能讓你皺眉頭，代表我讓你難過。因此，情緒也可以由外而內。

從由外而內的角度分析情緒，就可以了解有些人為什麼能夠影響別人如此之鉅。有些人善於表達自己的情緒及感覺，代表他們的情緒比較容易感染旁人。心理學者把這種人稱為「傳送者」，他們的個性很特別，心理狀況也異於常人。科學家研究這些人的五官後，發現臉部肌肉的位置、形態，甚至感染疾病的比率都不相同。「這種情形和生理疾病沒有什麼不同，」卡西歐波說，「情緒也有帶原者，他們很善於表達自己的喜怒哀樂，也有人特別能夠接納別人的情緒。**情緒感染並不是一種疾病，但是感染的機制卻和生理疾病一樣。**」

加州大學心理學者佛萊德曼（Howard Friedman）發明一種稱為「情緒溝通」（Affective Communication Test）的試驗，測量人類傳達情緒的能力。這項測驗含有十三個問題，例如，聽到好聽的舞曲，你是否仍然無動於衷？你的笑聲多大聲？你和朋友聊天時是否會接觸他們的身體？你的眼睛會放電嗎？有多厲害呢？你是否想成為眾人注目的焦點？佛萊德曼指出，測量最高分是一百一十七分，平均得分約為七十一分。

得分高的人代表什麼意義？要解答這個問題，佛萊德曼又得進行另一項實驗。他挑選數十位得分高於九十分的人，及十位得分低於六十分的人，要求他們填寫另一項問卷，說明自己「當下」的感覺。他請所有高得分的人分別留在不同的房間，每間再搭配兩位低得分的人。要求他們待在同一個房間兩分鐘，彼此可以看著對方，但是不能交談。實驗結束後，他們得再填寫一張詳細的問卷，說明自己的感覺。佛萊德曼發現，雖然他們在兩分鐘內都沒有交談，得分低的人最後也和得分高的人一樣心情很好。如果善於表達情緒的人覺得很難過，兩分鐘後，不善於表達情緒的人也會情緒不佳。不過，反之則不然，只有前者能把自己的情緒傳染給同室其他人。

這就是葛爾傳遞給我的嗎？和他接觸中最令我震撼的是他的聲音。他有聲樂家的嗓子，語調嚴厲的時候，他最喜歡說：「對不起！」有時候他會拉長尾音、一副慵懶輕鬆的口氣。其他時候，他會邊說邊笑，說起話來像在唱歌。他會隨著不同的口氣，變換不同的表情，絕對不會口是心非，他臉上的表情就是他心情的寫照。我雖然看不到自己的表情，但是我想應該很接近他的神情。

這個例子顯示，有人能夠由外而內影響別人，以外在的動作影響別人內心的決定。葛爾點頭的時候，我是否也會點頭？他搖頭的時候，我是否也跟著搖頭？後來我打電話給葛爾，請他進行佛萊德曼的實驗。我們一起逐一回答表上的問題，他邊寫邊笑。第十一個問題是，「我不太會以手勢傳達意思，像是比手畫腳這類遊戲我都不行。」他終於大笑起來。「我這方面很厲害！我都會贏！」測驗滿分一百一十七分，他得到一百一十六分。

小結

一七七五年四月十九日清晨，麻薩諸塞州列辛頓的男子開始集結在鎮上。年齡從十六歲到六十歲都有，大家帶著各式各樣的武器，包括毛瑟槍、長劍及手槍。當警訊逐漸傳達到其他城鎮，附近城鎮的民兵也逐漸前來會合。達漢鎮派來四個連的民兵；林恩的男子則自行到列辛頓集合；偏西部的城鎮直到早上才接獲消息，農民放下鋤頭，趕到列辛頓。許多城鎮動員所有的男子一起參戰，他們沒有制服，就穿著普通的衣服：為了擋掉清晨的寒意，他們穿著大衣、戴著寬邊帽子。

來自各地的殖民湧入列辛頓時，英國正規軍已擺開陣勢，直撲列辛頓。到了黎明，向前挺進的士兵在晨曦中已經看到附近人影幢幢，都是來自附近農田的武裝民兵，急急忙忙趕往列辛頓。正規軍接近列辛頓中心時，可以聽到遠方傳來的鼓聲。英軍終於抵達列辛頓公有地，數百名英軍及不到一百名的民兵兩軍對峙。第一次交火，英軍略占上風，射殺了七名民兵。英軍認定民兵的軍火藏在康柯德鎮，入城後開始有系統地搜索，因此又和民兵相遇，結果遭到重創。

這是美國獨立革命的濫觴，不但造成極大的傷亡，整個殖民地都成為戰場。翌年美國殖民宣布獨立，舉國都享受到勝利的果實。不過，獨立戰爭並不是因此而開打的，而是在一個春寒料峭的早晨，靠著一名在馬廄打雜的小伙子通風報信後，整個新英格蘭預先知道英軍即將來襲而展開的。其間少數幾位特殊的人才更是出力不少：包括幾位推銷員，和一位具備市場專家及連結者雙重特質的天才在內。

本章參考資訊：

＊李佛紀念協會網站：www.paulreverehouse.org。

＊哥倫比亞大學「小世界實驗」網頁，重現一九六〇年代米爾葛蘭的人際網絡實驗：smallworld.columbia.edu/index.html。

＊提加登的〈凱文貝肯指數〉測驗，收錄在維吉尼亞州立大學網頁：www.cs.virginia.edu/oracle。

Chapter 3

定著因素

——教育節目的強化功效

The Stickiness Factor

在兩分半鐘的電視廣告時間中，
只要出現四支以上各占十五秒的廣告，
每一支廣告的效果幾乎是零。
無論聽到、看到或讀到什麼東西，
我們完全都會忘記。
在百家爭鳴下，
任何訊息越來越難定著。

九六〇年代末期，電視製作人寇妮（Joan Gantz Cooney）掀起一股流行風潮。她製作了一個時間長達一小時的節目，每週播出五天，目標是三到五歲的小孩子，她希望傳播「識字」病毒，並期待發揮影響力，成為教育界的引爆點：為低收入家庭的學齡前兒童，在進入小學時助他們一臂之力；把熱愛學習的價值觀，從觀眾散播給非觀眾；影響兒童及他們的父母，甚至在兒童長大成人、不再收看節目後，仍然持續發揮影響力。寇妮也許運用別的概念，或者以其他字眼形容她的目標。不過，她的使命本質上就是創造學習風潮，以對抗並扭轉貧窮及文盲的社會主流趨勢。她把這個想法稱為《芝麻街》。

從任何角度來看，這都是一個膽大無比的想法。透過電視，可以輕易且廉價地打進無數人的家庭，既有娛樂效果，也令人眼花撩亂，但是電視畢竟不是專業的教育媒介。哈佛大學心理學者賴塞（Gerald Lesser）應寇妮之邀，一起創辦《芝麻街》時，他也曾經懷疑過。他說：「我一直試著以對兒童的了解來教導他們。你得先設法找出兒童的長處，然後才能善用它們，也要了解兒童的弱點，才能規避這些弱點。然後又要根據個別兒童的特質因材施教……但電視對此無能為力。」

良好的教學應該是雙向互動，和每個兒童一對一互動，利用每種感官，和兒童相互回應。但電視只是會說話的盒子。根據實驗，老師要求兒童朗讀一段文章，然後接受測驗，和收看同樣主題電視節目的兒童相比，前者的得分一定比較高。教育專家把電視形容為「低度參與」的媒體，電視就像流行性感冒，來得急、去得快，除了造成一些人打噴嚏外，不留下任何痕跡。

除了寇妮和賴塞之外，另外一位創辦人是紐約馬克爾基金會（Markle Foundation）的莫瑞塞特（Lloyd Morrisett），三個人仍然不畏艱難，著手創業。他們引進當時最具創意的工作人員，以電視廣告技巧，教導兒童數字觀念；他們利用週六上午卡通的動畫，教導兒童英文字母；他們請名人在小型喜劇內唱歌跳舞，教育孩子們合作的重要，及認識自己的情緒。《芝麻街》的目標比其他兒童節目都遠大，也更努力達成目標，更令人吃驚的是居然能成功。《芝麻街》是史上受學術界檢驗最多的電視節目，但是每次檢驗它的教育價值後，都證明這個節目的確可以提升觀眾的閱讀及學習的技巧。教育學者及兒童心理學者，很少人認為這個節目的影響力只局限於定期收看它的家庭。

《芝麻街》的創辦人成就非凡，他們成功的故事正可以凸顯引爆點第二項原則——定著因素。他們發現，只要是關鍵性的調整，雖然只是小動作，也能克服電視不適合做為教學工具的缺點，把觀念傳達給學齡前兒童，而且讓他們永遠難忘。《芝麻街》學會讓觀眾對這個節目產生定著感，是它成功的原因。

強化定著：小細節立大功

前一章探討過的少數原則指出，流行趨勢的關鍵因素之一是傳遞訊息者的本質。一雙鞋子、一則警訊、一場流行病或一部新電影都可能具高度傳染性，只要再加上一位靈魂人物馬上就能異軍突起。不過，訊息本身必須是值得傳遞的，例如李佛利用「英軍要來襲了」這句話，掀起一場口耳相傳的風潮。如果當天夜裡，他四處傳遞的訊息是，他銀鋪裡的白鑞杯正在特價拍賣，縱使他個人魅力十足，恐怕也無法撼動麻薩諸塞州。

霍邱以傳真向好友推薦女兒帶他去的那一家餐廳，這是以口耳相傳掀起風潮的第一步。但是風潮要能持續不斷，這家餐廳的水準必須要高、必須能打動食客的心。在流行趨勢中，傳遞訊息的信差很重要，因為透過信差才能傳遞訊息。訊息的內容也一樣重要，而訊息要能成功傳遞，必須具備「定著」這項特質。訊息、食物、電影或任何產品，是否能夠讓人永難忘懷？是否因為它太令人難忘，因此造成轉變，讓人採取行動？

「定著」這兩個字似乎相當直截了當。大部分人都希望別人記住我們說過的每個字，因此，我們說話時會加重語氣，我們會大聲說話，也會重複說出我們要說的話。行銷人員也有同感。廣告業有句金科玉律，一般人至少看過六次，才會記住一則廣告。例如可口可樂或耐吉這種大企業，行銷預算高達數億美元，有的是錢，可以遵守這條定律，滿足各種媒體。但是對於預算很少，在公共電視台播出僅一個小時的小公司，目標又是學前教育，這則金科玉律可能不管用。有沒有省事、低調而且輕鬆一點的方法，讓觀眾對他們的節目產生定著？

以直效行銷為例，公司在雜誌上打廣告，或者寄發附有折價券的郵購目錄，希望讀者剪下折價券，寄回公司，並且試用產品。直效行銷之難不在於傳遞訊息給消費者，而在於如何讓消費者駐足、閱讀，並且記住廣告，再採取行動。為了解哪種廣告最有效，行銷人員必須密集測試，同一個廣告可能會有十二種版本，同時在十二個城市播出，藉以比較各個版本的效果。

傳統廣告人員認為，廣告奏效有三大法寶：幽默、誇張的圖表及名人推薦。反之，直效行銷人員比較不信這一套，消費者寄回來的折價券，及利用免付費電話的人數，就是評估廣告是否有效最客觀及精確的標準。在廣告界，直效行銷人員才是真正研究定著因素的學生，他們的部分研究成果，成為打進消費者內心深處最有趣的結論。

例如，一九七〇年代直效行銷的傳奇人物偉門（Lester Wunderman），為了哥倫比亞唱片俱樂部（Columbia Record Club）的廣告客戶，和麥克坎廣告公司（McCann Erickson）攤牌。哥倫比亞唱片俱樂部成立於一九五〇年代，當時和現在都是全球最大的郵購俱樂部之一，公司創辦後，就由偉門負責廣告業務。但是哥倫比亞決定聘請麥克坎公司推出一系列電視廣告，以補強偉門負責的平面廣告。這不是附有免付費電話號碼的深夜廣告，而是百分之百的電視廣告，目的在喚起消費者的注意。偉門老大不高興是意料中事，他負責哥倫比亞的廣告業務長達二十年，即使只是小部分業務落入競爭者手中，他也一樣不悅。他不認為麥克坎公司對哥倫比亞會有任何助益。

為了解決這個問題，他建議兩家公司較量一下。全美國共有二十六個媒體市場，偉門提議，哥倫比亞公司應該在地方版的《電視指南》（*TV Guide*）及《遊行》（*Parade*）等週日發行的娛樂雜誌刊登他製作的廣告。在其中十三個市場，麥克坎可以播出它的電視廣告，另外十三個市場，則由偉門推出自己的電視廣告。誰的廣告能夠帶動當地《電視指南》及《遊行》的廣告量，日後就獨家負責哥倫比亞公司的廣告業務。哥倫比亞同意這項比賽，一個月後結果出爐。偉門所屬市場的回應增加八〇%，麥克坎只成長一九．五%，偉門以壓倒性優勢獲勝。

偉門勝利的關鍵是所謂的「尋寶」。在《電視指南》和《遊行》雜誌的每一則廣告中，偉門請美術指導在折價券的角落畫一個小金盒，然後在一系列電視廣告中，揭露「金盒的祕密」。廣告中告訴電視觀眾，他們如果在當期《遊行》及《電視指南》雜誌找到這個金盒，可以寫件給哥倫比亞公司，免費取得一張指定的唱片。偉門認為，金盒就是導火線，促使電視觀眾翻閱《電視指南》及《遊行》雜誌的廣告。哥倫比亞的電視廣告，和雜誌上的廣告因為這個金盒而兩者合一。

偉門寫道，「金盒讓讀者和觀眾成為互動式廣告體系的一環，就像玩一場遊戲……這系列廣告轟動市場。一九七七年哥倫比亞公司雖然在雜誌中密集推出廣告，但是每一支廣告都賺不到錢。一九七八年在金盒電視廣告的推波助瀾下，每本雜誌都賺錢，這次絕地大反攻可以說是史無前例。」

這個例子有趣之處在於，一般預期麥克坎公司應該贏得比賽。因為金盒的廣告創意聽起來似乎是個餿主意，哥倫比亞公司也不敢採用，偉門花了好幾年才說服前者。同時，麥克坎是廣告界的寵兒，創意十足，而且相當老練。此外，麥克坎購買媒體的時間是偉門的四倍，又都是黃金時段，偉門的廣告則安排在早晨的冷門時段。前一章曾經提及，流行風潮部分在反映多少人接到這則訊息，根據這項標準，麥克坎遙遙領先。麥克坎公司大方向都正確，但欠缺臨門一腳，少了讓訊息定著的金盒。

如果仔細觀察流行觀念或訊息，會發現真正讓它們定著的關鍵都是微不足道的細節，例如偉門的金盒。社會心理學者李文索（Howard Levanthal）一九六〇年代曾經從事所謂的「恐懼」實驗，他想了解，自己能否說服一群耶魯大學四年級學生，接種破傷風疫苗。他把這些學生分成幾組，每人都拿到一本七頁的小冊子，說明破傷風的危險、預防注射的重要性，凡是有興趣的學生，只要前往大學醫療中心即可免費接種疫苗。

這本小冊子有幾個版本，有些學生拿到的是「高恐懼」版本，以誇張的用字形容破傷風，而且附有一張罹患破傷風的小孩彩色照片，還有其他罹患破傷風的病人，身上插著導尿管、氣管被切開，插上鼻管的照片。在「低恐懼」版本，形容破傷風的字眼比較溫和，也未附照片。李文索希望了解，不同小冊子是否影響學生接種破傷風疫苗的態度。

部分結果未出乎原先的預期，所有學生填寫問卷時，同樣都更了解破傷風的危險。拿到高恐懼小冊子的學生，比較相信破傷風的確害人不淺，更能認同接種疫苗的重要性，表明打算接種疫苗的比例也較高。但是實際調查多少學生後來真的接種，各組學生的結果幾乎一樣。實驗後一個月內，只有三％的學生前往醫療中心接種疫苗。不知何故，這些學生完全忽略破傷風的危險，知識並沒有化為行動。這項實驗的效果並沒有定著，為什麼？

如果我們不知道定著因素，可能會解讀成，小冊子向學生解釋破傷風的方式不正確。我們也可能懷疑，以恐懼的方式威脅學生並不恰當，或者社會大眾對破傷風觀念不正確，令學生不願承認自己面臨危險，甚至接種疫苗這件事都會令學生感到困擾。總之，只有三％的學生事後前往接種疫苗，顯示離目標還有很長的差距。但是定著因素卻提出不同的觀點：問題可能不在破傷風很危險這則訊息，而是整個活動缺少一個小金盒。李文索重做實驗時，只多了一個小動作：他在小冊子中加上校園的地圖，標示出保健大樓的位置，以及注射預防針的時間，就讓接種疫苗的比率立刻竄升到二八％。

這項實驗產生兩個有趣的結果。第一個是二八％的學生接種疫苗，高恐懼組及低恐懼組的學生人數大致相當。換句話說，高恐懼組的小冊子雖然添加許多駭人聽聞的訴求，事後證明毫無效果。縱使沒有看到恐怖的照片，學生也知道破傷風的危險，更知道自己該注射預防針。第二個有趣的結果是，大學四年級的學生理應知道保健大樓的位置，以前絕對曾經來過，因此，這些地圖是否多此一舉，值得懷疑。

換句話說，要讓學生心甘情願地接種破傷風疫苗，答案不是增加許多新資訊，而是必須稍稍改變一下表達的方式。學生得知道如何把打預防針這件事融入自己的生活；加上地圖及注射疫苗的時間表之後，這本小冊子就不只是一則抽象的醫藥常識，而是與切身有關、實用的醫學建議。這些學生求學階段經歷的學術資料不勝枚舉，他們不會太在意；一旦這些學術資料變成與切身有關的實用資訊，學生們就會銘記在心。

一場社會風潮，要如何推動？如何才能異軍突起？從李文索的恐懼實驗、偉門為哥倫比亞唱片公司推出的廣告，可以得到許多啟示。我們所處的社會中，太多人想要爭取群眾的注意。過去十年來，美國三大電視網每個小時的廣告時間，從六分鐘增加到九分鐘，每年還繼續往上攀升。紐約的媒體動能公司（Media Dynamics）估計，一般美國人每天接收到兩百五十四種不同的廣告訊息，比七〇年代中期增加近二五％。網際網路上的網站多達數百萬個；有線電視系統通常提供五十多個頻道；隨便瞄一眼書店的雜誌區，就可以發現每個星期、每個月都會多出上千種新雜誌，內容充斥廣告及資訊。這種資訊爆炸的現象，廣告業稱為「百家爭鳴」，在百家爭鳴下，任何訊息越來越難定著。

可口可樂支付三千三百萬美元，取得贊助一九九二年奧林匹克運動會的權利，雖然動用龐大的廣告攻勢，只有一二％的電視觀眾知道可口可樂是奧運會官方指定飲料，另外五％的觀眾以為百事可樂才是贊助廠商。根據一家廣告研究公司的調查，在兩分半鐘的電視廣告時間中，只要出現四支以上各占十五秒的廣告，每一支廣告的效果幾乎是零。無論聽到、看到或讀到什麼東西，我們完全都會忘記。而資訊時代也帶來定著問題。

李文索及偉門的例子告訴我們，**簡簡單單一個小動作，就可以強化定著，有系統地讓訊息深植人心**。這對行銷人員、老師及管理階層都是很重要的事實。兒童電視教育節目，尤其是《芝麻街》的創辦人，以及後來衍生出來的《妙妙狗》，最懂得如何讓訊息深植人心。

《芝麻街》的專注度研究

《芝麻街》製作單位吸引到許多創意天才，像韓森（Jim Henson）、拉波索（Joe Raposo）及歐茲（Frank Oz），基於本能，他們就是知道如何讓兒童接收到訊息。他們就是電視界的波特女士（Beatrix Potter，英國兒童讀物作家）、鮑姆（L. Frank Baum，美國作家，著有《綠野仙蹤》等兒童讀物）、蘇斯博士（Dr. Seuss，美國知名兒童讀物作家兼插畫家）。不過，千萬別以為《芝麻街》是靈光乍現的結果，事實上，這個節目能夠如此不同凡響，是因為成品經過千辛萬苦的精密製作，而不是信手拈來。《芝麻街》的製作理念只有一個：**只要抓住兒童的注意力，就能夠教育他們**。

看似容易，做起來很困難。直到如今，許多對電視節目大加撻伐的人士認為，電視節目之所以危險，是因為觀眾會上癮，兒童甚至成年人會像個傻瓜一樣看電視。根據這種看法，電視節目吸引我們注意的是它的本質：暴力、強光、奇怪的聲音、快節奏的剪接、畫面擴大或縮小、誇張的動作，及其他商業電視節目的內容。換句話說，看這種電視節目不需要花腦筋，也不需要了解它的內容，就可以一直看下去。許多人把電視歸類為被動媒體，理由即在此。節目的奇聲怪調會刺激我們收看電視，一旦覺得無聊，我們就會改做別的事或者轉台。

一九六〇及七〇年代電視研究方興未艾，當時的研究人員才開始了解，學齡前兒童和一般人收看電視的方式截然不同，其中以麻薩諸塞大學的安德森（Daniel Anderson）最知名。安默斯特學院（Amherst College）心理學者蘿絮（Elizabeth Lorch）指出，「以前我們總認為兒童會坐下來，盯著螢光幕看，天塌下來也不管了。可是進一步觀察兒童的行為，我們發現，兒童通常只會在短時間內注意看電視，而非一成不變地專心坐著看電視，他們可能同時從事不同的活動。兒童的動作不是隨興所至，能夠讓他們的目光重新回到電視上的，都不是聲光效果這種小事情。」

蘿絮有一次重新剪接《芝麻街》的節目，打亂幾個重要場景，如果兒童只對聲光效果有興趣，場景打亂後應該不會影響他們的收視，因為重新剪接後的節目，還是有歌曲、布偶、明亮的顏色、表演及其他《芝麻街》大受歡迎的元素。結果卻差很多，兒童根本不看這個節目了，兒童如果看不懂節目的內容，他們就不再看下去了。

蘿絮和安德森又進行另一項實驗，播放一段《芝麻街》給兩組五歲的兒童看。其中一組兒童所在的房間，擺放許多很好玩的玩具。果然，房間內沒有玩具的兒童，八七％的時間都專心看電視，有玩具的兒童看電視的時間只占四七％，這證明玩具會讓兒童分心。兩位研究人員進一步分析兩組兒童記憶及了解節目內容的程度，結果令他們大吃一驚，因為得分完全一樣。他們才發現，兒童收看電視的方式，比成年人預期的更複雜。

他們寫道，「我們得出一項結論，玩具組的五歲兒童把注意力分散在玩玩具和看電視，既玩到了玩具，也看到節目中最有內容的部分。這個方法非常有效，縱使另外一組兒童看電視的時間較長，也無法吸收更多的知識。」

同時考量玩具實驗和剪接實驗，可以針對兒童和電視得出一項另類的結論。兒童受到其他刺激的時候，不會看電視；覺得電視內容無聊的時候，目光會轉向。看得懂的時候，會津津有味地看下去；看不懂的時候，目光也會轉向。對於從事電視教育的業者，上述結論非常重要。換句話說，想要了解兒童能否從電視節目學習，以及學習了哪些內容，只需注意他們是否在看電視就知道了。

《芝麻街》早期的研究部門主管是奧勒岡州心理學者帕馬（Ed Palmer），他的專長是以電視做為教學工具。兒童電視工作坊（Children's Television Workshop）於六〇年代末期成立，帕馬自然是其中成員。帕馬笑著說：「我是他們能找得到的唯一一位研究兒童和電視關係的學者。」《芝麻街》請學術界設計的教學課程，是否真能打動這些小觀眾？帕馬的工作就是找出答案，任務艱鉅。《芝麻街》內部人士指出，如果不是帕馬，這個節目絕對撐不過第一季。

帕馬開發出一套工具，他稱為「分心器」（Distracter）。他在電視螢幕上播放《芝麻街》

的節目，旁邊的另一部電視螢幕播放幻燈片，每七．五秒換一張幻燈片。「幻燈片的種類千變萬化，」帕馬說，「包括沒有手的身體一路騎著車、一幢高大的建築物、一片葉子浮在水面上、一道彩虹、顯微鏡下的照片、艾斯契（Escher）的畫。只要是新奇特殊的事物，都成為幻燈片的主題。」研究人員每次安排兩位學齡前兒童到房間內，請他們收看節目。帕馬和助理坐在一旁，拿著紙筆記錄兒童的動作，何時專心看著《芝麻街》，什麼時候分心，轉頭看幻燈片。每次切換幻燈片時，帕馬和助理都會註明兒童們的注意焦點，節目結束後，他們幾乎掌握這段節目哪一秒可以吸引觀眾的注意，哪一秒會讓觀眾分心。「分心器」其實是一部研究定著的機器。

「我們準備好兩呎乘三呎的大型圖表紙，再用膠帶把好幾張黏在一起，」帕馬回憶，「我們每隔七．五秒就有一個數據，一集節目可以得到約四百個數據。我們把這些數據標在圖表紙上，再以紅線連起來，整張圖看起來就像股票走勢圖。紅線突然下滑或緩步走低，我們會緊張，想知道原因。有時候紅線維持在圖表紙的頂部，我們認定，這部分節目一定很能抓住兒童的注意力，最後再把這些『分心器』的數字以百分比表示。有時候我們可以得到一〇〇％，大部分節目平均的比率是八五％到九〇％。只要達到這個水準，製作人就很高興。如果比率只有五〇％，他們就會重新檢討節目內容。」

帕馬也研究其他兒童節目，例如《湯姆與傑利》或《袋鼠船長》（*Captain Kangaroo*），了解這些節目中哪些片段會吸引兒童注意，並且和《芝麻街》相互比較，帕馬再把研究結果轉告節目製作人及編輯，才能配合調整節目方向。以往業界一向認定，兒童喜歡看到動物。「製作人會安排一隻貓、食蟻獸或水獺，讓牠們在節目內蹦蹦跳跳，」帕馬說，「他們認為如此安排比較有趣。但是從『分心器』的研究發現，炸彈才會引起兒童注意，而且屢試不爽。」

《芝麻街》有個角色是「字母人」，他的專長是說俏皮話，但帕馬證明，兒童很討厭他，結果這個角色被打入冷宮。「分心器」的研究發現，《芝麻街》內的每個單元不得超過四分鐘，最好只有三分鐘。他逼著製作人簡化所有對白，放棄成年人節目的製作技巧。

帕馬回憶，「我們意外發現，學齡前兒童不喜歡成年人的角色長篇大論地說話，只要兩或三個人開始一起說話，兒童們就不喜歡。這是製作人的本能，製造混亂的情況，才能創造高潮，製作單位藉此告訴觀眾，節目即將進入高潮。但是兒童卻有看沒有懂，反而會分心。他們不知道節目即將進入高潮，只知道他們看不懂，最後就會失去興趣。」

「節目做了三、四季之後，每個單元受注意的比率很少低於八五％。幾乎從來沒有出現五〇％到六〇％的比率，萬一發生，我們會馬上改進。你知道達爾文的適者生存嗎？我們能夠發現哪些單元是適者，並且決定哪些單元可以繼續存在。」

帕馬最大的貢獻是開發出「分心器」，他在《芝麻街》正式開播前就已經發現了。「一九六九年的夏季，距離正式開播還有一個半月，」賴塞回憶，「我們決定放手一搏。正式播出前，先製作五集一個小時的試播片，看看效果如何。」帕馬帶著這些試播片到費城，當年七月的第三週開始在全市六十個家庭播放這些影片。當時的客觀條件並不理想，費城正遭熱浪侵襲，收到試播片的兒童個個無精打采，注意力不集中。當時也正好是阿波羅十一號登陸月球，有些兒童似乎更喜歡這個歷史時刻，對《芝麻街》比較不在意。更糟糕的是帕馬的「分心器」提出的觀點，「我們發現的問題幾乎毀了我們。」賴塞指出。

問題在於最初播放節目時，製作單位決定，虛幻的部分必須和真實的部分有所區隔。許多兒童心理學者都堅持這個論點，他們覺得，真假不分，一起在節目中出現，容易誤導兒童。因此，布偶只能和其他布偶同時出現，《芝麻街》的外景部分只能由真人演出。可是，帕馬在費城發現，節目只要演到外景部分，兒童就看不下去了。「外景部分原本應該做為串場，節目可以由此延續到其他單元，它是整個節目的核心。但是外景部分的內容是成年人在做事或說話，兒童不感興趣，以致注意力越來越不集中，甚至索性不看了。只要布偶出現，兒童又開始聚精會神。」

賴塞把帕馬的發現稱為「《芝麻街》發展史的引爆點」，他說：「如果維持外景部分，節目一定會做垮。但事情來得太快，當年夏天試播，秋季就正式播出，現在我們得想出對策。」

因此賴塞決定不管學界的意見。「我們決定寫信給其他發展心理學者，告訴他們，我們知道他們反對有關真假不分的立場，但是礙難從命，否則我們一定滅頂。」幾位製作人重返攝影棚，重新拍攝所有的外景部分。韓森和同事製作新的布偶，能夠自己走路、和節目中的成年人對話，出外景時也能站在真人旁邊。

帕馬說：「大鳥、奧斯卡及鼻塞帕格斯就是在這個時候誕生的。」毛茸茸的怪物和正經八百的成年人巧妙地揉和在一起，如今已經被外界認定是《芝麻街》的特色，當初卻是情急生智下的產物。

「分心器」雖然是一大利器，卻是粗糙的工具。它告訴你，兒童了解電視螢幕上的種種，而且也會注意他們想看的節目。可是，它不會告訴你，兒童了解些什麼東西，說得更精確一點，它不會告訴你，兒童是否注意他應該注意的節目內容。以下舉出兩個《芝麻街》「視覺混合練習」的單元，其結合兩個不同聲音教導兒童說話。其中一個單元是，一個布偶女孩走向螢幕中央的字板，唸出上面的「HUG」這個字。她先站在H旁邊，仔細唸出這個字母，然後以此類推依序唸出U及G。然後依序每個字母再唸一次，最後唸出這個單字的完整發音。當她唸的時候，布偶海利怪物走進來，跟著唸出這個字，然後兩個人高興地抱在一起結束單元。

另一個單元稱為「奧斯卡混合」，由奧斯卡和布偶克魯米玩一個名為「單字積木」的遊戲，兩個人可以隨意組合單字。奧斯卡先說C，螢幕左下角就會出現字母C。奧斯卡告訴克魯米，這個字母唸成「ㄎ」。此時螢幕右下角又出現「at」這個字，克魯米跟著唸出來。兩個人一來一往重複唸出這兩個字，奧斯卡唸「ㄎ」，克魯米唸「at」，速度越來越快，最後兩個音混合變成「cat」這個字。螢幕下的兩個字此時合而為一，變成「cat」。兩個布偶跟著唸「cat」這個字幾次後，螢幕上的「cat」突然消失，電視也發出東西掉下去的聲音。然後換成「bat」這個字，再重複整個過程。

這兩個單元都很有趣，抓得住兒童的注意力，它們在「分心器」的得分都很高。但能否教會兒童如何閱讀？這個問題就比較難說了。《芝麻街》的製作人於七〇年代中期特別找來哈佛大學的研究團隊，由心理學者傅蕾（Barbara Flagg）所領導，她是眼球運動照像的專家。眼球運動的研究立基於人類的眼睛只能注視非常小的範圍，也就是所謂的知覺廣度（perceptual span）。而由於視網膜中間有一個正中凹（fovea），眼睛大部分的感應器都集中在這一小區內，因此我們看到的範圍很有限。閱讀的時候，眼睛一次只能鎖定一個英文字、外加它左邊四個字和右邊十五個字。視線從A串字跳到B串字，必須停留一段時間，才能辨識每個字的意義。閱讀時，眼睛也必須移動，除非把正中凹對準我們要看的事物，否則我們看不到這個東西的形狀、顏色或文字的架構。讀者可以試著眼睛直視本頁的正中央，然後閱讀本段文字，你一定看不清楚這些文字。

換句話說，如果你能追蹤某人視網膜正中凹的移動情形和鎖定的目標，你就知道他們在看什麼東西或接收什麼訊息，製作電視廣告的業者自然對這種技術很感興趣。例如，你利用美女模特兒推銷一種啤酒，以平均年齡為二十二歲的男性為目標觀眾，這些觀眾到底在看這位模特兒，或者目光終會移到啤酒上？廣告業者一定想知道。《芝麻街》在一九七五年特地前往哈佛大學，目的也是要弄清楚這件事。兒童收看「奧斯卡混合」或「HUG」單元的時候，他們看的是這些文字，或者只是在看布偶？

實驗對象是二十一位四到五歲的兒童，在父母陪伴下，他們在哈佛大學教育學院停留了一個星期。他們坐在老式理髮椅上，三呎外有一部十七吋的彩色電視監視器。左手邊架了一部海灣西方公司的紅外線觀眼監視器，記錄實驗對象視網膜正中凹移動的情形。結果發現，「HUG」這個單元非常成功，注意力集中在字母的比率高達七六％；更令人欣慰的是，八三％實驗對象是由左到右注視這些字母。換句話說，這些學齡前的兒童能夠模仿實際的閱讀方式。

反之，「奧斯卡混合」這個單元就一敗塗地，只有三五％的實驗對象注視著字母，而且沒有一位是從左到右閱讀這些字母。究竟出了什麼問題呢？首先，字母不應該位在螢幕的下方，因為所有眼球運動的研究都發現，看電視的時候，一般人傾向於注視螢幕正中央。更重要的一個事實是，兒童看的是奧斯卡，並沒有注意那些字母。換句話說，他們只看到模特兒，而沒有去注意那罐啤酒。傅蕾說：「我記得『奧斯卡混合』，奧斯卡非常調皮。他在後面搗蛋，要教孩子們的字都距離奧斯卡很遠。他動動嘴、動動手，手上也拿著東西，很容易讓孩子分心。奧斯卡太好玩了，孩子們根本不會去注意那些字母。」奧斯卡能夠讓觀眾定著，教學內容反而不行。

《妙妙狗》的製作革新

《芝麻街》留給後人的教訓是：仔細注意節目內容的結構及模式，才能大幅提升觀眾的定著程度。但可能製作出比《芝麻街》更讓觀眾定著的節目嗎？曼哈頓尼克羅東電視網（Nickelodeon Network）的三位電視製作人，在九〇年代中期就捫心自問。畢竟《芝麻街》是六〇年代的產品，三十年下來，學界更能掌握兒童的心理狀態，因此，這三位年輕人自然會有可取而代之的雄心。其中之一的凱斯樂（Todd Kessler）曾經任職《芝麻街》，但《芝麻街》的步調太快，他不喜歡這種「雜誌型」的節目，才另謀高就。

他說：「我喜歡《芝麻街》，但是我一直認為，孩子們的注意力並不短，他們隨便就可以坐上半個小時節目。」他發現，傳統的兒童電視節目太靜態，「因為觀眾不太會使用語言，甚至不見得會說話，因此，必須利用視覺的方式說故事。」他指出，「這是視覺媒體，要引人入勝或深入人心，就得利用視覺這個感官。太多兒童電視節目只會說話給兒童聽，這樣觀眾很難跟上節目的步調。」

凱斯樂的同事山托摩洛（Tracy Santomero）對《芝麻街》的評價不錯，但是也有類似的隱憂。「我們希望向《芝麻街》看齊，但是更要超越它，」山托摩洛說，「電視是非常棒的教育媒介。但是大家都還沒有發揮它的潛能，只是機械式地運用它。我相信，我們能夠扭轉乾坤。」

後來他們推出《妙妙狗》，這是一個三十分鐘的節目，只有《芝麻街》的一半時間；沒有舞群或歌手，只有一位主持人史帝夫，他是一個新人，年齡才二十歲出頭，穿著卡其褲和橄欖球衫。每集節目都有一個故事主軸，描述一條名為「藍藍」的卡通小狗日常的勇敢事蹟。節目風格和《芝麻街》不同，後者有許多單元，有如雜誌的電視版；《妙妙狗》的畫面是平面式，比較像是故事書的電子版，而不像電視節目。節目步調比較慢條斯理，對白之間停頓很久，幾乎令人難以忍受，也沒有《芝麻街》的幽默、雙關字或俏皮話。

節目中有個郵筒的角色，名字就叫「郵筒」，另外兩個定期出現的角色分別是鏟子和水桶，也是它們在劇中的名字。藍藍是節目的主角，因為牠是藍色的。看過《妙妙狗》的成年人，很難想像這個節目居然能夠超越《芝麻街》。但事實就是如此，《妙妙狗》在幾個月內收視率就超越《芝麻街》。在「分心器」調查方面，得分也比《芝麻街》高，更能吸引兒童的注意力。阿拉巴馬州立大學教育學者布萊安（Jennings Bryant）分析一百二十名兒童的行為，比較定期收看《妙妙狗》和其他教育節目的觀眾，在一連串認知測驗上的得分。

「六個月後，兩組之間的差距越來越大，」布萊安說，「幾乎各種彈性思考或解決問題的方式，在統計數據上都出現顯著的差別。假設測驗共有六十個項目，《妙妙狗》的觀眾可以正確辨識其中的五十個，控制組則只能辨識三十五個。」《妙妙狗》可能是歷來最能讓觀眾定著的電視節目。

這種不起眼的節目，怎麼可能比《芝麻街》更讓觀眾深深著迷？答案是，《芝麻街》雖然精緻，卻受到若干不甚明顯、但不可輕忽的限制。例如，《芝麻街》推出之初就希望老少咸宜，堅持保持大人及小孩都愛看的知性風格。這丟給兒童一個難題，因為父母不見得鼓勵或者參與他們的教育，尤其是中低收入家庭的孩子更會面臨這類問題。但《芝麻街》的製作人希望親子雙方可以一起看節目，因此，節目內容充斥許多「成年人」的素材，不斷語帶雙關，連流行文化也軋上一腳，例如「怪物戲院」或貝克特（Samuel Beckett）的打油詩〈等待艾摩〉。

節目首席編劇伯格（Lou Berger）指出，他到《芝麻街》求職的原因是，他在一九七九年和兒子一起看《芝麻街》的時候，看到柯米特（Kermit）演的一齣短劇。「就是那種匪夷所思的童話故事。劇中人在尋找一位窮困潦倒的公主，柯米特四處尋找這位布偶公主，然後說（此時伯格開始模仿柯米特的口音）：『對不起，你是一位窮困潦倒的公主嗎？』她說：『那我身上這套衣服是什麼？褲裝嗎？』我當時對編劇使用雙關語的功力不禁撫掌稱妙，心裡想，我也想到這種環境工作。」

問題是，學齡前兒童聽不懂這種笑話，不了解這種一語雙關的文字遊戲，反而容易因此分心。一九九七年耶誕節的時候，《芝麻街》播出一集名為「羅伊」的節目。節目開始是大鳥跑向一個郵差，這位郵差以前沒有在節目中出現過。郵差交給大鳥一個包裹，大鳥覺得很奇怪，他問郵差：「如果你是第一次上節目，你怎麼知道我是大鳥？」

郵差：老實說，一點都不難猜！（以手勢指著大鳥）

大鳥：是嗎？（看看自己）。喔，我懂了。這個包裹是寄給大鳥的，我就是大鳥，有時候連我自己都忘記了。我是一隻體型很大的鳥，名字也叫大鳥。大鳥就是大鳥。

大鳥心情變得沮喪。他發現，別人都有名字，像奧斯卡、史努菲，而他只有一個形容詞。

他問郵差叫什麼名字，她回答是愛摩琴。

大鳥：哇，真是好名字。（一臉企盼地看著攝影機）我也希望自己有一個真正的名字，而不是叫大鳥，那好像我是蘋果、椅子或其他東西一樣。

然後大鳥開始為自己想名字。在史努菲的幫忙下，他在節目上徵求新名字——查克拉達克、布許、比爾、歐瑪、賴利、山米、艾班尼澤、吉姆、拿破崙、朗塞洛特、洛基，最後終於決定取名為「羅伊」。等到大家都開始叫他「羅伊」之後，大鳥又覺得不太對勁。「有點不對勁，」他說，「我覺得自己大錯特錯。」他又把名字改回來。「雖然大鳥不是普通的名字，」他說，「但是它仍舊是我的名字，我喜歡朋友叫我大鳥的感覺。」

表面上，這是很棒的一集節目。節目設計的理念不落俗套，又能引進新觀念，而且引人入勝。這集節目和其他兒童節目不同，教導兒童如何誠實面對自己的情緒，告訴孩子們，縱使有時候不高興，也沒有關係。最重要的是，節目表達方式很有趣。

這集節目似乎肯定可以贏得觀眾的心？但事與願違。《芝麻街》研究人員測試「羅伊」這集節目，結果數據非常令人失望。史努菲和大鳥一起演出的第一個單元成績還不錯，因為觀眾很好奇後續的劇情。接下來就慘不忍睹了。第二場外景的時候，觀眾定著率降到八〇%，第三場降到七八%，第四場是四〇%，然後五〇%，最後又變成二〇%。

研究人員詢問看過這集節目的孩子一些問題，「我們問的都是非常明確的問題，也希望孩子能夠提出明確的答案。」負責研究部門的主管楚莉歐（Rosemary Truglio）說，「我們問孩子們，例如，這集節目在說什麼？有六〇%的孩子清楚節目的主題。大鳥想做什麼？有五三%的孩子了解。大鳥新的名字是什麼？有二〇%的人知道。大鳥最後覺得如何？有五〇%的孩子知道。」相對來說，《芝麻街》同時也測試另一集節目，結果孩子看完節目後，回答問題的正確率超過九〇%。「羅伊」這集節目顯然沒有達到效果，觀眾無法定著。

這集節目為什麼失敗？根本的問題是節目的原始設計：大鳥不喜歡自己的模樣就是自己的名字。但是學齡前兒童聽不懂這種文字遊戲。在學齡前兒童一點一滴學會語言的期間，會為文字和它們的意義設定幾個假設，其中最重要的一個是心理學者馬克曼（Ellen Markman）提出的「相互排他性」（mutual exclusivity）原則。簡單來說，小孩子很難認同一個東西有兩個名字。

馬克曼指出，兒童很自然會認定，一件事物或一個人如果還有一個名字，那個名字一定是代表這事物的次級性質或屬性。學過「大象」這個字的兒童知道，「大象」和「狗」絕對不一樣。學會一個新字，兒童對所處的世界就更清楚；反之，如果沒有「相互排他性」這個原則，孩子會認為，「大象」可能是「狗」的另一個名稱，每學會一個新單字，世界反而更複雜。「相互排他性」的原則也可以協助孩子想得更清楚。馬克曼寫道，「假設已經知道『蘋果』和『紅色』這兩個字的孩子，聽到有人說蘋果是『圓的』，根據『相互排他性』原則，孩子會把事物（蘋果）及它的顏色（紅色），和『圓形』這個字劃清界線，改從別的屬性分析這個事物。」

也就是說，兒童不太能接受擁有兩個名字、或者會改變名字的事物。例如，橡樹也是樹，兒童不太能理解這個觀念，他們會以為，「樹」代表一堆橡樹。

同理，大鳥不希望別人叫他大鳥，而要改名為「羅伊」，對學齡前兒童幾乎是雞同鴨講。已經有名字了，為什麼還要有另外一個名字？大鳥的意思是，「大鳥」這個名字只是形容他的體形，形容他是什麼樣的動物，他希望有一個真正的名字。換句話說，他不想只是一棵樹，而是一棵橡樹。但是三、四歲的兒童不懂，為什麼一棵樹也是一棵橡樹。他們很可能把大鳥想改名的動作解讀為，大鳥想要變成另外一種東西，也許是另外一種動物，或是另外一類動物。他怎麼可以這樣？

另外，還有更深層的問題。《芝麻街》屬於雜誌型的電視節目，一集節目至少包含四十個各自獨立的單元，每個都不超過三分鐘，例如演員和布偶的外景、動畫、攝影棚外的短片。在《芝麻街》發展史上，各單元大多維持獨立；但新節目改變作法，找出以往的動畫檔案，再配合新的外景，重新組合。如九〇年代末期推出的「羅伊」這集，編劇破天荒試圖把一個主題貫穿幾個單元。

《芝麻街》製作人改弦易轍其來有自，因為他們認定，學齡前兒童無法長時間集中精神，只能接受步調緊湊的短單元。創辦人之一的莫瑞塞特說：「觀察幼童的收視習慣後，我們發現，他們喜歡看爆笑短劇，這項發現對《芝麻街》早期的節目影響深遠，例如著名的『山尼脫口秀』，就是孩子們喜歡的節目類型。」而電視廣告的力量，更讓《芝麻街》的創辦人為之動容。由於六〇年代是美國廣告業的黃金時代，當時的想法認為，如果六十秒的電視廣告可以賣早餐穀物食品給四歲兒童，當然也能教他學會字母。許多知名度最高的布偶也都是電視廣告下的產物，例如，韓森為拉炒（La Choy）製作的廣告中，出現一隻七呎的恐龍，它就是大鳥的前身；餅乾怪物是富力多萊（Frito-Lay）的代言人；小郭菲曾經在國際商業機器公司（IBM）的宣傳中出現。

《芝麻街》早期的製作人之一吉朋（Sam Gibbon）認為，「電視廣告最重要的特色就是鎖定一個主題，一次只推銷一個概念。把《芝麻街》切割成幾個小單元，每個單元只負責一個教育目標，這種製作理念其實源於電視廣告。」

但是這種理論正確嗎？安德森表示，根據新的研究發現，兒童不像我們預期那麼喜歡廣告，因為廣告「不會說故事，而故事對年輕人有一種特殊的吸引人及重要性。」早期的《芝麻街》根據原始設計，排除使用說故事的方式作節目，節目彷彿是一連串無關聯的圖片。「早期影響節目的因素不止是電視廣告，」安德森說，「當時根據著名兒童心理學者皮亞傑（Jean Piaget）的理論推演，學齡前兒童無法接受太長的故事。」但是到了六〇年代末期，這種說法遭到推翻。三到五歲的幼兒，可能無法了解複雜的節目劇情，或者其中的單元，但心理學者現在相信，**說故事是兒童接受外來事物最核心的方式**。

紐約大學心理學者布魯納（Jerome Bruner）說：「他們只有利用說故事才能組織周遭環境，組織自己的經驗。他們無法依照因果關係組織事物，因此，只好把發生的事物變成一則又一則故事，他們利用故事版的經驗，理解周遭環境，做為進一步反省的基礎。如果無法透過說故事的方式知道一件事物，兒童很難記得住，未來也難以反芻回想。」

布魯納於八〇年代初期曾經參與一項研究，名為「床邊獨白」（Narratives from the Crib），研究結果改變許多兒童專家的看法。這項研究的主角是兩歲大的女童愛蜜莉，她住在紐哈芬，父母都是大學教授，他們意外地發現女兒晚上睡覺前會自言自語。出自好奇，他們在小床邊放了一個迷你錄音機，接下來十五個月，在每週幾個晚上錄音，包括他們送愛蜜莉上床時的親子對話，和愛蜜莉睡著前的自言自語。最後共錄製一百二十二段對話，交由哈佛大學心理學者妮爾森（Katherine Nelson）領導的語言學者和心理學者共同分析。

他們發現，愛蜜莉自言自語的內容，比她和父母的對話更複雜。研究人員之一費德曼（Carol Fleisher Feldman）後來寫道：

> 一般來說，她自言自語的內容相對於和父母的對話更豐富、更複雜，以致所有研究語言發展的人開始懷疑，當時有關兒童學習語言的文獻，是否低估兒童的語言能力。因為一旦父母離開、房間熄燈之後，愛蜜莉展現出來的語言能力，令我們大吃一驚，不敢相信她能在日常生活中使用這種語言。

費德曼提到的語言能力包括字彙和文法，最重要的是愛蜜莉的語言結構。她會編故事、獨白、解釋及組織周遭發生的事物。有時候，她說的故事是語言學者所謂的「碎口」（temporal narratives）。她會編個故事，把事物、行為及感覺整合在一個架構下，這種過程對兒童的心智發展相當重要。

以下是愛蜜莉三十二個月大的時候說的故事，我花了很長的篇幅介紹，讓讀者了解她自處時可以運用相當複雜的語言：

明天我們起床後，我、和爸爸和媽媽，還有你，像平常一樣吃早飯，然後我們可以去玩，然後爸爸很快就來了，卡爾也會來，然後我們再玩一下下。然後卡爾和愛蜜莉一起和別人坐車子，坐到托兒所（小聲地說），然後我們到了，我們就下車，進去托兒所，爸爸會給我們親親，然後就走了，然後說，然後我們會說拜拜，然後他就去上班，我們就在托兒所玩。這樣子很好玩，對吧？我有時候去托兒所，因為那天是托兒所日。有時候我整個星期都和譚塔在一起。有時候我們會玩家家酒。但是有時候，我通常，呃，會去托兒所。但是今天我是早上就去托兒所。早上，爸爸會在，通常我們會像平常一樣吃早飯，然後我們會去……我們會去……玩。然後我們，然後門鈴就響了，卡爾來了，然後卡爾，然後我們都在一起玩，然後……

愛蜜莉說的是她週五的例行作息，這是很普通的一個星期五。但她認為，這是一個很完美的星期五，她能夠心想事成的星期五。布魯納和露卡麗洛（Joan Lucariello）寫出他們的感想：

這是一種建構世界觀的行為……她利用重音、拖長關鍵字，以一種類似「原景重現」的方式，記錄她周遭的生活。例如朋友卡爾進門時邊走邊說話的情景。她似乎要強調一切都已經在「她的掌握之中」，因此自言自語時帶有一種節奏，幾乎唱出來的。而且她獨白的時候，也毫無顧忌地會為當時情況下斷語，例如，「這樣子很好玩，對吧？」

了解說故事的重要性後，很難不對《芝麻街》的成功感到不可思議，所有針對幼童的教育方式，最重要的一種竟然被《芝麻街》排除在外。節目帶有若干以成年人為對象的笑話，只會讓學齡前兒童分心，結果竟然廣受歡迎，這絕對是《芝麻街》不同凡響之處，透過絕佳的編劇，布偶的溫馨及魅力，《芝麻街》能夠化解及克服原本應該不利的因素。但是由以上的研究也可發現，要製作出比《芝麻街》更讓小朋友定著的節目並不難，只要做得中規中矩，不玩弄文字遊戲，或是會令小朋友不知所措的喜劇即可。依照兒童教育自己如何思考的方式，教育他們，也就是以說故事的方式教育他們如何思考。結果就是《妙妙狗》這個節目。

觀察定著與反覆練習

《妙妙狗》每集節目的模式都一樣，主持人史帝夫先告訴觀眾一道謎題，都是和藍藍這條小狗有關。這集也許是猜出藍藍最喜歡的故事，下一集則是猜出牠最喜歡的食物。為了幫助觀眾猜出答案，藍藍會留下許多提示，也就是印有牠爪印的事物。在逐一發現這些提示的同時，史帝夫會和觀眾玩一些遊戲，都是和這道謎題相關的小謎語。在「藍藍最喜歡的故事」這集節目，其中一個小謎語是史帝夫和藍藍和熊寶寶家庭坐在一起，三頭熊的粥碗放錯了，請觀眾幫忙依照熊爸爸、熊媽媽及熊寶寶的順序，放上大、中、小三個碗。節目進行期間，史帝夫和藍藍背後的背景隨時變換，一下在起居室，一下到了花園，再到一個環境優美的地方，穿越一道神奇的門口，帶領觀眾進入一場發現之旅，節目尾聲，史帝夫會回到起居室。最後，每集節目的高潮，他會坐在一張舒服的椅子上沉思，在《妙妙狗》的世界中，這張椅子就是「沉思椅」，他努力思索藍藍提出的三個提示，試圖解開謎題。

這種節目的走向和《芝麻街》南轅北轍，但是《妙妙狗》的製作群也會向《芝麻街》取經，尤其是他們認為確實有用的那一部分。事實上，《妙妙狗》不僅是向《芝麻街》取經，他們引進**觀眾定著**這個因素，希望觀眾對自己的節目更定著。首先，越多小朋友一起觀看節目，節目內容對他們就越難忘記，也越有意義。

安德森曾經和尼克羅東電視網合作，設計《妙妙狗》的節目內容，他說：「我注意到《芝麻街》若干單元，引導小朋友一起參與和互動。我念念不忘的一件事是，柯米特會把手指朝向螢幕，畫出一個字母，小朋友也會照著做。《芝麻街》裡的角色有時候會問問題，你也可以聽到孩子們大聲地回答。但是《芝麻街》並沒有善用這個觀念，鼓勵兒童參與節目。他們知道，孩子們有時候會回饋，但是製作單位並沒有根據這個理論製作節目。尼克羅東電視網在《妙妙狗》問世前，曾經嘗試過一些節目，要求電視機前的兒童參與，很多跡象顯示小朋友的確會參與。整合上述幾個概念可以知道，孩子們看電視的時候，也喜歡參與知性的活動，只要有機會，他們的態度會很積極，這就是《妙妙狗》的製作理念。」

因此幾乎所有的時間，史帝夫都是在攝影機前面說話，他請求觀眾幫忙時，是真的開口說話。攝影機經常以特寫方式處理他的臉，彷彿他就在觀眾的起居室。他提出問題後，會停頓很長一段時間，因為學齡前兒童提問後停頓的時間比一般成年人長。最後，攝影棚內的觀眾會大聲喊出答案，坐在家中的觀眾也可以喊出自己的答案。史帝夫有時候會裝傻，電視機前的觀眾一目了然的提示，他假裝找不到，只好以哀怨求助的目光看著攝影機。目的也一樣：讓看電視的兒童也動動口，積極參與節目。如果和一群小孩子一起看《妙妙狗》，這招更是管用。他們就像到場看球賽的洋基隊球迷。

《妙妙狗》向《芝麻街》取經的第二件事情是**反覆練習**。兒童電視工作坊的先鋒們對這項特質激賞不已。帕馬和賴塞於一九六九年在費城播放的五集試播片中，有一個名為「萬達女巫」的單元，重複使用「W」這個字音。例如，萬達女巫在華盛頓一個風很大的冬季戴著一頂假髮（Wanda the Witch wore a wig in the windy winter in Washington）。賴塞說：「我們當時不確定，可以重複播出這個單元幾次，結果星期一播出三次，星期二播三次，星期三也播三次，星期四不播，星期五節目最後再播三次。有些小朋友在星期三的時候會說，萬達女巫別再來了。但是星期五他們又看到萬達女巫的時候，他們高興得跳起來拍手叫好。小孩也有看膩的時候，但是很快又會想再看一次。」

不久之後，《芝麻街》的編劇突然靈光乍現，想出孩子們喜歡主題一再重複的原因。這次的單元是由演員鍾斯（James Earl Jones）朗讀字母。由於是預錄性質，鍾斯在每個字母之間會停頓很久，因為在每個字母之間還要添加其他內容。但是鍾斯的表現太棒，讓《芝麻街》的製作群不願修改預錄的毛片，最後就這樣經年累月地播出，例如，A或B等字母會出現在螢幕上，然後停頓一段時間，鍾斯再大聲唸出這個字母，最後字母消失不見。

「我們注意到，從第一次開始，鍾斯唸出字母後，小朋友會跟著唸一次，」吉朋說，「重複幾次後，他們不等鍾斯唸出聲音，他們看到字母後的那段停頓期間，就會唸出來。然後再重複幾次，孩子們甚至在字母出現前就已經預期這個字母了。兒童能夠自行排序；先學會字母的名稱，然後學會看到什麼字母發出什麼聲音，然後學會字母的順序。」成年人可能覺得一再重複一件事情很無聊；但是學齡前兒童則否，因為他們會以全新不同方式重新感受這件事情。透過反覆練習學習新知的方式，在兒童電視工作坊稱為「鍾斯效應」（James Earl Jones effect）。

《妙妙狗》就是根據「鍾斯效應」製作而成。其他電視節目都是每天播放不同的節目，季末時再重播一次；尼克羅東電視網卻每週連續播出同一集《妙妙狗》，下週再播出另外一集。尼克羅東電視網當初也是經過一番掙扎，才決定以這種方式播出。此外，尼克羅東電視網經費不足，也無法製作全季的節目。「當時我女兒才三歲半，同一集節目可以一看再看。」安德森說，「我曾經記錄她最高一集看過十四次，每次都興趣盎然。」公司實地測試時，結果也一樣。一大群學齡前兒童連續五天看同一集節目，結果專注及理解的程度越來越高，但五歲的兒童例外，專注度逐漸下滑。

這些接受實驗的孩子和收看鍾斯節目的孩子一樣，每天看同樣的節目時，都以不同的方式參與節目，回答史帝夫的問題越來越熱烈，也越來越快。安德森說：「異地而處，學齡前兒童所處的世界，大多是他們不了解的事物，對他們來說，一切都是全新的體驗。因此，學齡前兒童的動力來源不是尋找新事物，而是設法了解及預測周遭環境。重複對幼兒相當寶貴，他們需要一再重複動作。他們一看再看這個節目，不僅更了解內容，也能預測接下來的內容，這是一種權力，對於自我也有一種肯定及自尊的感覺。《妙妙狗》更強化這種感覺，因為兒童覺得自己也有參與，覺得自己在幫助史帝夫。」

當然，小孩子不見得都喜歡重複。節目必須要有一定深度，兒童重複收看後，才能越來越深入。同時，節目內容又不能太複雜，否則兒童第一次收看時就充斥挫折感，乾脆關掉電視。為了不過與不及，《妙妙狗》和《芝麻街》都相當重視研究，尤其是前者。《芝麻街》會在節目完成後測試一次，《妙妙狗》則是在播出前反覆測試三次。《芝麻街》只抽測三分之一的節目，《妙妙狗》每一集都需要測試。

《妙妙狗》的研究部門每週會直接面對學齡前兒童，了解觀眾的想法，我曾經參加過一次。研究部門主管薇兒得（Alice Wilder）是一位黑髮女郎，生氣勃勃，剛拿到哥倫比亞大學教育學博士。其他成員還有兩位二十歲出頭的女性，一是吉兒蔓（Alison Gilman），一位是雪蔓（Allison Sherman）。那天早上我和她們一起到格林威治村一家托兒所，測試有關動物行為的劇本。

這套劇本只是初稿，以圖畫書的方式呈現，大致對應日後電視播出時的每一個場景。《妙妙狗》的測試人員扮演史帝夫的角色，帶領小朋友閱讀劇本，記下孩子可以正確回答哪些問題，哪些問題令他們不知所措。例如，雪蔓旁邊坐的是五歲的渥克和四歲半的安娜，前者一頭淡黃色的頭髮，後者穿著白紫相間的裙子。雪蔓開始唸劇本：「藍藍最喜歡一種動物，你們能不能幫我們找出來是哪種動物？」

兩位小朋友仔細打量著雪蔓。雪蔓開始一個接著一個說出小謎語，她把食蟻獸的圖片拿給他們看，「食蟻獸吃什麼？」她問。渥克說：「螞蟻。」雪蔓翻了一頁，上面是大象的圖片，她指著象鼻子，「這是什麼？」渥克看了一下，「象鼻子。」她再指著象牙，「那你知道這白白的東西是什麼嗎？」渥克又看了一眼，「鼻孔。」

她給小朋友看一頭熊的照片，然後出現小狗藍藍的第一個提示——黑、白相間的狗爪子。「牠是黑白色的。」安娜說。

雪蔓看看兩位小朋友，「藍藍想了解什麼動物呢？」她停下來想聽他們的回答。兩位小朋友一臉茫然。渥克終於打破沉默，「我們最好再聽下一個提示。」

第二個小謎語稍微難一點，有一張小鳥的照片。小朋友必須回答小鳥正在做什麼，答案是唱歌；然後小朋友必須說出小鳥為什麼在唱歌。之後他們提到海狸和蟲子，然後出現第二個提示——一座冰山。安娜及渥克還是不懂。

他們進入第三回合，開始討論魚。雪蔓展示一張照片，有條魚在自己的天然偽裝下躲在海底。「這條魚為什麼要躲起來？」雪蔓問。渥克說：「因為有大魚。」安娜說：「大魚會吃掉牠。」

他們看到第三個提示，是一張紙板，剪成藍藍的爪子形狀。雪蔓抓起爪子，搖搖擺擺移向渥克和安娜。「牠在做什麼？」她問。渥克皺著臉，很努力在想，「像人一樣在走路。」「牠像人一樣扭動嗎？」雪蔓問。「牠搖搖擺擺地走路。」安娜說。

雪蔓依照順序說了一次三個提示：黑白色、冰、搖搖擺擺。然後她停下來。突然渥克的臉上放出光芒。「是企鵝！」他像發現新大陸一樣，喜出望外地叫道，「企鵝是黑、白色，牠住在冰上，走路時搖搖擺擺！」

《妙妙狗》的提示必須循序漸進，才能讓兒童有所發現。節目開始時必須簡單，讓觀眾建立信心，然後逐漸變難，考驗學齡前兒童，引導他們能夠說故事。第一組食蟻獸和大象的謎語，要比海狸和蟲子的謎語簡單，後者又要比最後一組魚的謎語簡單。節目循序漸進，越來越難，兒童才可能一看再看，四、五次都不膩，每看一次，他們就越厲害，越能猜對節目的謎語，最後，他們更能預期接下來的每個答案。

經過測試後，《妙妙狗》研究小組一一檢討測試的結果。二十六位小朋友中，十三位答出食蟻獸吃螞蟻，以第一個謎語來說，成績不算好。「我們喜歡開始的成績好一點。」薇兒得說。她們繼續研究，薇兒得在看過海狸謎語的測試結果後皺起眉頭。孩子先看過海狸蓋的小土壩之後，回答第一個問題，「海狸在做什麼？」結果答對的人不多；但是第二個問題，「海狸為什麼要做這件事？」二十六個人中共有十九個人答對。「難易程度要對調。」薇兒得說。她希望先問簡單的問題。至於魚的問題：小魚為什麼要躲開大魚？雪蔓看著自己的資料，「我有個很棒的答案。小魚不想嚇到大魚，因此牠才躲起來。」大家都不禁莞爾一笑。

最後，也是最重要問題——小狗藍藍的提示是否循序漸進？薇兒得和吉兒蔓依照劇本提供小朋友各項提示：冰、搖搖擺擺、黑白色。十七位小孩中，四位在第一個提示就答出企鵝；聽過第二個提示後，又有六位猜對；聽完三個提示，又有四位答出來。雪蔓以不同的順序說出提示：黑白色、冰、搖搖擺擺。「聽到第一個提示後，沒有人答出來，」她表示，「聽到冰的提示後，九位小孩有一位答出來，聽完三個提示，共有六位小孩答對。」

「所以最關鍵的提示是搖搖擺擺，這似乎很管用，」薇兒得說，「整個過程中，孩子們是否猜到許多不同的事物？」

「沒錯，」雪蔓說，「第一個提示後，有人猜出狗、牛、貓熊及老虎。冰的提示後，有人回答北極熊和美洲豹。」

薇兒得點點頭。雪蔓的提示順序，讓兒童在節目之初就能廣泛地思考，並且保留懸疑性，直到最後才讓孩子們猜出答案。反之，薇兒得的提示順序太早讓兒童想到答案，雖然編寫劇本時認為這個順序最好，但是缺乏懸疑性。他們花了一個早上和小孩子相處，最後得到他們想要的成果。雖然修改提示的順序只是小動作，但往往小動作就足以扭轉乾坤了。

上述所有例子中，定著的意義似乎違背常理。偉門違反廣告業的所有原則，他不在黃金時段打廣告，反而購買冷門時段；他不使用「創意十足」的廣告文案，改用毫無品味的尋寶「金盒」。李文索發現，嚇唬學生、逼他們接種疫苗的硬性推銷方式不管用，反而是提供他們一份不需要的地圖，指引他們去早就知道地點的保健大樓。《芝麻街》成為當時最膾炙人口的電視節目，靠的就是俏皮及原創性，但是《妙妙狗》完全放棄這一套，製作出步調緩慢、以文字敘述為主的節目，每集節目每週重複播放五次。

我們都以為，影響他人的關鍵在於我們所傳達訊息的內容。但上述案例顯示，相關主事者都沒有改變他們的內容；反之，他們只是略微改變這些訊息的傳達方式，就讓這些訊息蔚為風潮，例如布偶改為站在HUG旁邊、大鳥和真人一起演出、每集節目及劇中小單元不止播出一次、史帝夫問完問題後停頓的時間比較長、在廣告角落加上小金盒等。

流行趨勢會蔚為風潮，或者只是稍縱即逝，兩者之間的界線可能遠比外界預期的更窄。《芝麻街》的創辦人在費城試播失敗後，並沒有懷憂喪志，放棄整個構想。他們反而再接再厲，加入大鳥這個角色，大鳥果然不負眾望，成為扭轉乾坤的關鍵角色。李文索無法以嚇唬人的方式，讓學生注射破傷風疫苗，他並沒有變本加厲，反而只是提供學生地圖和接種疫苗的時間表。

少數原則指出，就是有些人具有特異功能，可以引爆風潮，我們只需要找出這個人就好了。定著的原則也一樣，經過簡單的方式包裝後，只要配合天時、地利、人和，這就是一則凡人無法擋的訊息。你的工作只是需要找出這種包裝方式。

本章參考資訊

＊芝麻街工作坊網站：www.sesameworkshop.org。

＊《妙妙狗》兒童節目網站：www.nickjr.com/home/shows/blue/index.jhtml。

＊心理學者馬克曼的重要著作《兒童分類與命名法則》（*Categorization and Naming in Children*, 1989），探討「相互排他性」原則。

＊偉門與哥倫比亞唱片俱樂部的故事，出自偉門的自傳《直打正著：直效行銷之父偉門發想之旅》（*Being Direct: Making Advertising Pay*, 1996）。

Chapter 4

環境力量（上）

——紐約市犯罪率的升降

The Power of
Con text (part one)

如果窗戶破了沒有修理，
路過的人一定會覺得這裡沒人關心，也沒人管事。
很快地就會有更多窗戶遭人打破，
無政府狀態從這棟大樓蔓延到整條街。

一九八四年十二月二十二日、耶誕節前的星期六，柯茲（Bernhard Goetz）從曼哈頓格林威治村的公寓離開，走到十四街和第七大道的地鐵站。柯茲年近四十歲，身材高瘦，淡黃色的頭髮，戴著一副眼鏡，穿著牛仔褲和風衣。到了地鐵站，他搭上地鐵系統二號線前往市區，旁邊坐著四名年輕黑人。車廂內大概有二十來人，但是大部分都坐在車廂的另一頭，不敢靠近這四名青少年，因為照目擊者事後的說法，他們「大聲喧譁」、「行為乖張」，但柯茲似乎不在乎。柯茲走進車廂這一頭後，其中一個黑人坎提（Troy Canty）幾乎已經躺在長椅上，對柯茲說：「你好嗎？」隨後他和另一名青少年艾倫（Barry Allen）走向柯茲，伸手向他要五塊錢；第三名年輕人藍史爾（James Ramseur）指著自己鼓鼓的口袋，表示他身上有槍。

「給我五塊錢。」坎提又說了一次。柯茲抬頭看著他，發現坎提「兩眼發亮，一副樂在其中的樣子……臉上笑得很開心」。就是這副眼神和笑容讓柯茲勃然大怒，於是柯茲從自己口袋裡掏出一把鍍鉻的點三八手槍，輪流對這四名年輕人發射。第四名年輕人凱比（Darrell Cabey）躺在地上呻吟，柯茲還上前對他說：「你似乎沒事，再來一槍！」然後把槍內最後一發子彈射進凱比的脊椎，造成他日後終生癱瘓。

現場一片騷動，有人拉下緊急煞車把手，其他乘客則逃向另一節車廂，有兩位女士已經嚇得動彈不得。「你沒事吧？」柯茲客氣地詢問第一位女士。「沒事！」她說。第二位女士躺在地板上，她想讓柯茲以為她已經死了。柯茲又問了她一次，「你還好嗎？」她點點頭。列車長這時趕到，問柯茲是不是警察。

「我不是，」柯茲說，「我不知道自己為什麼要開槍，」他停了一下又說，「他們想搶我的錢。」列車長要求柯茲把槍交給他，柯茲不願意。於是他從車廂前的車門走出去，解開安全鍊，跳到車軌上，消失在地下隧道的黑暗中。

接下來幾天，地鐵槍擊事件引起全國迴響。這四名年輕人都有前科，凱比曾經因為持械搶劫被捕，坎提則有竊盜前科。三個人事發時身上有螺絲起子，他們似乎就是所有都會居民最恐懼的街頭混混，槍殺他們的神祕客則是復仇天使。八卦小報把柯茲喻為「地鐵義警」及「閻王槍手」。在廣播電台的叩應節目及街頭巷尾，大家都把他當成英雄，曾經在地鐵中被搶、被騷擾或被攻擊過的紐約人，內心深處都渴望有這麼一位英雄人物，能夠替天行道。

槍擊事件發生一週後，柯茲在新年前夕向新罕布夏州警察局自首。他被送回紐約市的當天，《紐約郵報》在頭版登出兩張照片，一張是柯茲，戴上手銬，一副俯首認罪的樣子；另一張是才出院的坎提，戴著眼罩，雙臂交叉，旁若無人的神情。新聞標題則是「柯茲鋃鐺入獄，搶匪無罪開釋」。這個案子開庭時，柯茲被控攻擊及殺人未遂。判決當天晚上，群眾自動聚集在柯茲公寓外的馬路上，聲援柯茲。

今是而昨非

柯茲一案象徵紐約市政史上暗無天日的一段歲月，當時紐約市犯罪率居高不下。八〇年代，紐約市每年平均發生兩千多件謀殺案，六十萬件重大刑案，地鐵系統的治安只能以一塌糊塗來形容。柯茲當天搭上地鐵二號線之前，必須先在一個燈光昏暗的月台候車，周遭都是污黑潮溼的牆壁，上頭滿是塗鴉。他要搭的班車可能會脫班，因為在一九八四年，紐約地鐵系統每天都會發生一起火警，每兩週會出軌一次。根據警方提供的現場照片，柯茲坐的車廂相當髒亂，地板上遍布垃圾，車廂內的牆壁及天花板都是塗鴉，這在當時相當普遍。

當時地鐵公司共有六千節車廂，除了城中區的車廂之外，其他車廂裡裡外外、上上下下都畫滿了塗鴉。車廂內是冬涼夏暖，因為很少車廂有暖氣，而且沒有一節車廂裝有冷氣。如今，地鐵二號線經過張伯斯街車站時，時速可以高達四十哩，但在一九八四年，柯茲搭車的時候恐怕開不了這麼快。當時地鐵系統共有五百個「紅線區」，因為鐵軌有限，車速如果超過每小時十五哩，對列車就有危險。逃票問題層出不窮，運輸局每年損失營收高達一億五千萬美元。地鐵系統每年約發生一萬五千件重大刑案，到一九九〇年，更突破兩萬件；乞丐及小偷、小盜更是讓乘客不勝其擾，搭車率降至歷年來最低水準。

曾經在波士頓住過很多年的布萊頓（William Bratton），在自傳中寫出他搭乘紐約市地鐵所目睹的千奇百怪，後來他在紐約市打擊暴力犯罪上出力甚多：

排隊買代幣的人潮似乎沒完沒了，我終於買到了，卻發現十字形轉門被人刻意破壞。進不了地鐵系統，我們只好從旁邊的大門進去，這時有個傢伙一手撐開大門，一手向我們要代幣；他破壞了十字形轉門後，居然進而要求乘客把代幣直接給他。同時，他的同伴把嘴對著投幣孔，吸出被卡住的代幣，也留下口水在上面。大部分人都受到威嚇，不願和他們爭執：「代幣拿去吧，關我什麼事？」其他人則設法從十字形轉門上面、下面、旁邊或直接穿過，搭乘霸王車。這似乎是但丁《地獄》的地鐵版。

八〇年代的紐約市，深陷歷年來最嚴重的犯罪潮，但是這股風潮突然平息，從九〇年犯罪率達到最高峰之後，就持續大幅滑落，謀殺案減少三分之二，重大刑案減少一半。其他都會的犯罪率雖然同步下滑，但是下滑的幅度及速度都不如紐約市。八〇年代末期紐約市地下鐵重大刑案的件數，比該年代初期減少七五％。一九九六年凱比提出民事訴訟，柯茲再度受審，但是媒體已經不重視這件官司，柯茲本人似乎也不再是風雲人物。當時紐約市已經成為全美最安全的大都會，大眾似乎很難記得柯茲曾經代表的意義。現代人很難想像，曾經有個人在地鐵中拿槍對著別人，居然成為英雄。

不可輕忽的環境力量

老實說，把犯罪當成流行病似乎有點怪怪的，我們會說「暴力傾向」或者犯罪潮，但是我們真的相信犯罪會像 Hush Puppies 或李佛夜奔，依照流行趨勢的原則向外擴散嗎？這些流行趨勢的主角是一項產品或一則訊息，都很直截了當，也很簡單。反之，犯罪不算是單一事件，而是一種形容詞，描述形形色色、相當複雜的行為。犯罪行為會產生重大影響，罪犯本身也會因此陷入極大的危險。指控別人是罪犯就是說，他是邪惡、暴力、危險、不誠實、不穩定，這些心理特質似乎不會傳染。換句話說，罪犯似乎不是受到別人傳染才犯罪的，但是在紐約市卻正好就是這種情形。

從九〇年代初到九〇年代中期，紐約市的居民並未大量遷移，也沒有人在街頭向可能為非作歹的混混教導善惡是非。在犯罪率高峰及谷底的兩段期間，住在紐約市內具有心理創傷或犯罪傾向的人一樣多，但是不知道為什麼，數萬名潛在的罪犯突然決定不再為非作歹。一九八四年，一位憤怒的地鐵乘客和四名年輕黑人發生衝突，造成流血事件。如今，紐約地鐵如果發生類似事件，雙方可能不會以暴力相向。為何會有此轉變？

答案在於流行趨勢的第三個原則——環境力量。少數原則談的是散播訊息的關鍵人物；《芝麻街》和《妙妙狗》部分探討的是定著的問題，為了引發流行趨勢，傳遞的訊息必須讓人難忘，而且會促使我們採取行動。

本書除了觀察散播觀念的人，也研究真正掀起風潮的觀念有何特質。本章的主題是「環境力量」，和前兩項原則一樣重要，流行趨勢發生時的時空條件及背景，也有其影響。例如，巴爾的摩市夏季時，淋病傳染的速度比冬季快；Hush Puppies能夠聲名大振，得拜東村的青少年之賜，他們穿著這種鞋在當地四處走，讓其他人能以全新的角度看待這種鞋子。此外，從某種角度來看，李佛夜奔能夠發揮效果，恐怕得歸功於他是在晚上示警。當時所有人晚上都已經回家就寢，李佛比較容易找到人，否則白天他們可能在外處理雜務或下田工作。如果有人半夜三更跑來告訴你一則消息，我們自然會認定這則消息很緊急。「李佛日奔」效果會如何？只能留待大家想像了。

從「環境力量」，我們學到的教訓是：我們對環境變化不僅敏感，甚至可說是非常敏感。而能夠引發一場風潮的環境變化，可能非常不同於我們的預期。

破窗理論

九〇年代美國暴力犯罪率大幅滑落，理由很單純，古柯鹼買賣原本是幫派和毒品販子爆發衝突的原因，如今交易量銳減。再者，美國經濟大幅復甦，許多人原本可能會因貧困而受到誘惑犯案，如今卻都擁有正當職業；加上人口老化，十八到二十四歲的男子人數減少，這種年齡層的人口正是所有暴力事件的主角。

不過，紐約市犯罪率下滑的原因比較複雜，因為紐約市治安好轉之際，經濟並沒有明顯起色，仍然停滯不前。事實上，紐約市最貧窮的地區，在九〇年代初期受到政府削減社會福利預算的衝擊最大。古柯鹼交易量減少雖然是原因之一，但是早在犯罪率下滑之前，古柯鹼交易量就已經穩定減少。至於人口老化方面，由於八〇年代許多人口遷入紐約市，因此九〇年代的紐約市人口反而有年輕化的趨勢。總之，這些都屬於長期趨勢，對環境的影響應該是漸進的。但是紐約市犯罪率絕對不是逐漸好轉，因此，應該還有其他關鍵因素。

最有趣的說法，是所謂的「破窗理論」（Broken Windows theory），由犯罪學者威爾森（James Q. Wilson）和凱林（George Kelling）所創，他們認為，犯罪絕對是失序的結果。如果窗戶破了沒有修理，路過的人一定會覺得這裡沒人關心，也沒人管事。很快地就會有更多窗戶遭人打破，無政府狀態會從這棟大樓蔓延到整條街。都會區內像塗鴉、公共失序、強迫乞討等小問題，就像是被打破的窗戶，只會招致更多、更嚴重的犯罪。他們寫道：

> 有些地區的環境令人心驚膽跳，無論是臨時起意或常業累犯，搶匪或竊賊覺得在這種地區犯案，被人指認或抓到的機率比較低。小偷可能覺得，如果社區內任由乞丐騷擾經過的路人，竊案發生後，居民也不會報警處理，更不會要求警方前來辨識可能的小偷。

這是犯罪會流行的理論。犯罪具有傳染性，和自殺或抽菸一樣，從一扇破窗戶可以蔓延到整個社區。這種風潮的引爆點不在於特定的人物，例如魏絲伯格這種連結者，或艾伯特這種市場專家，而是像塗鴉這種比較具體的東西。人類表現特殊行為的誘因不是來自特殊人物，而是環境因素。

八〇年代中期，紐約市運輸局聘請凱林為顧問，他敦促運輸局針對「破窗理論」採取行動。他們同意，並找來古恩（David Gunn）擔任運輸局長，負責耗資數十億美元的地鐵重建工程。當時許多人告訴古恩，別管塗鴉，應該集中心力處理犯罪及地鐵系統脫班的問題，這種建議似乎很合理。整個地鐵系統瀕臨瓦解，還在擔心塗鴉問題，似乎毫無道理，就好像「鐵達尼號」快要撞上冰山時，竟然要去擦洗甲板一樣。

古恩卻堅持己見，他說：「塗鴉正是地鐵系統瓦解的象徵，要重建整個組織及提升士氣，就得解決塗鴉的問題。贏不了這場戰役，所有管理改革或其他具體變革都是鏡花水月。我們即將引進每輛造價一千萬美元的新列車，除非能夠保護這些新車，否則新車只能維持一天的好光景，很快就會被人亂畫、亂寫。」

古恩設立新的管理結構，也設定明確的目標和時間表，決心恢復每條路線、每輛列車的清潔。他從連結皇后區和曼哈頓市中心的七號線著手，使用新方法清除車上的塗鴉，不鏽鋼的列車以溶劑清除塗鴉，原本就有塗漆的列車則再漆一次。古恩告訴所有工作人員，勇往直前、絕不退縮，「搶救」一輛列車後，就絕對不讓它再度「淪陷」。一號線在布朗克斯區調頭，返回曼哈頓，於是古恩在布朗克斯區成立一個清潔站。如果列車進站後發現遭到塗鴉，就得在調頭時清除，否則就暫時停止上線。塗鴉還沒有清除的「髒車」，不能和乾淨的列車混用，這項規定等於向塗鴉破壞者宣示決心。古恩說：「我們是以宗教信仰的態度面對這項工作。」

「在哈林區一百三十五街附近，我們有一座停車場，列車會停在那裡過夜，」古恩說，「那些塗鴉小鬼第一天晚上會先把列車側面塗成白色。第二天晚上，油漆乾了，再畫出輪廓。第三天晚上則塗上各種顏色，總共需要三個晚上。我們知道這些小鬼的目標是已有塗鴉的髒車，因此，我們等他們完成，然後再重新漆回原來的顏色。這些小鬼看到之後，眼淚都會掉出來，但是我們只需要上上下下刷一次就好了。這對他們是一項宣示：你們願意花上三個晚上在列車上塗鴉，無所謂，但是你們的傑作絕對無法重見天日。」

古恩清除列車塗鴉的工作從一九八四年持續到一九九〇年。當時，紐約市運輸局聘請布萊頓擔任地鐵警察局長，展開第二階段的搶救地鐵工作。布萊頓和古恩一樣深信「破窗理論」，事實上，他把凱林當成自己的精神導師，新官上任後和古恩一樣明知不可為而為之。當時地鐵系統的重大刑案創下歷史新高點，布萊頓卻決定全力打擊逃票。

為什麼？因為他認為，逃票和塗鴉一樣，雖然是很小的失序行為，卻可能招致更多、更嚴重的犯罪。據估計每天約有十七萬人以各種方式逃票，有些是小鬼，直接跳過十字形轉門；有些會倒著走，以蠻力壓迫十字形轉門。只要兩、三個人逃票，原本不打算逃票的人，也會覺得別人坐霸王車，自己為什麼要付錢？因此問題越來越嚴重。此外，逃票問題不容易處理：逃票只罰一・二五美元，地鐵警察不願意為這種小事花時間，尤其是月台上及車廂內還有許多重大刑案有待處理。

布萊頓深具魅力，是生天的領導人，他很快讓所有人都知道他的立場。他每天都早出晚歸，晚上甚至搭乘地鐵在紐約市到處逛，實地了解問題的癥結，以及最好的解決之道。首先，他選出逃票情形最嚴重的車站，然後派出十位便衣警察在十字形轉門守候。他們一一抓出逃票嫌犯，用手銬銬住他們，排成一列站在月台上，直到他們「完全悔悟」為止。此舉在於公開向大眾宣示，地鐵警察打擊逃票行為絕不手軟。

以前地鐵警察不願意處理逃票案件，因為逮捕逃票嫌犯後，必須送到分局，填寫相關表格，等候表格批示往往需要一整天，但是這種小事只需要從輕發落即可。於是布萊頓把一輛市公車改裝成流動分局，上面有傳真機、電話、公用原子筆、採集指紋的設備。警察逮捕逃票嫌犯後，相關文書作業只需要一個小時；但是卻有意外的收穫，每逮捕七名逃票嫌犯，就有一人是在逃通緝犯；每二十名逃票嫌犯中，就有一人攜帶武器。現在連警察也覺得，查緝逃票對改善治安有幫助。

布萊頓寫道：「對警察來說，每次逮捕逃票嫌犯時，可能都有意外的收穫。這次會有什麼收穫呢？查獲一把槍？一把刀？通緝犯？還是殺人嫌犯？後來歹徒變聰明了，開始不帶武器出門，而且一定不逃票。」布萊頓上台後幾個月，因為酒醉、行為不檢等被趕出地鐵站的案件增加三倍；以往不會告發的小案件激增，九四年的件數是九〇年的五倍。布萊頓把地鐵警察局轉變為專辦小案的單位，鎖定地下鐵的生活細節。

朱利安尼（Rudolph Giuliani）在一九九四年當選紐約市長，指定布萊頓擔任市警局長，布萊頓如法炮製，把地鐵那一套擴大應用到全市。他要求警察同仁打擊有關生活品質的犯罪，例如在十字路口為停下來的汽車擦窗戶並且強行索費的人，及其他類似逃票或塗鴉的行為。

布萊頓說：「警察局以前自我設限，如今我們已經突破這些限制。我們針對在公共場所酒醉、隨地小便加強執法，並且逮捕累犯，包括在馬路上丟擲空酒瓶的人，以及其他損害他人財產的行為。如果你在馬路上小便，就得坐牢。」紐約市區犯罪率開始下降，下降的速度和幅度和地鐵系統一樣，布萊頓及朱利安尼指出，**莫因惡小而姑息，這些小奸小惡正是暴力犯罪的引爆點**。

「破窗理論」及「環境力量」為一體的兩面。兩者都基於一個假設，只要導正周遭環境內最微不足道的細節，就可以扭轉流行風潮。仔細想想，這種說法頗為另類，例如，回想一下柯茲在地鐵遇到的四名年輕人。根據部分報導，其中至少兩人在事發當時正在吸食毒品。他們都來自克萊蒙特村的國民住宅，是南布朗克斯區最差的社區。凱比當時因持械搶劫遭到起訴；坎提曾經因收受贓物被捕；艾倫則因傷人未遂被捕；艾倫、坎提及藍史爾都曾經因行為不檢被定罪。柯茲槍擊事件發生兩年後，藍史爾被判入獄服刑二十五年，罪名包括強暴、搶劫、雞姦、性侵犯、攻擊、非法使用武器、收受贓物等。這類人捲入暴力事件，的確不令人意外。

再看柯茲，他的作法相當離經叛道，一般來說，白人專業人士不會沒事拿把槍，射殺地鐵內的年輕黑人。不過，仔細觀察柯茲的一生，他具有那種會陷入暴力事件的人格特質。他的父親脾氣不好，對待子女相當嚴厲，柯茲經常成為父親出氣的對象。他在學校也常受到同學嘲笑；學校內分組競賽，他往往最後才被同學選中；離開學校時更是常含著眼淚。他大學畢業後到西屋公司（Westinghouse）上班，生產核子潛水艇，但是在職時間不長。他經常和主管發生爭執，他認為工廠的生產程序沒有意義，或者未按部就班；他有時候也會違反公司及工作規定，從事契約禁止的工作。他在曼哈頓十四街、靠近第六大道的地方租了一間公寓，這個地區到處都是流浪漢及毒品交易。

大樓管理員和柯茲交情很好，管理員有一次曾被小偷毒打一頓，因此柯茲念茲在茲就是要改善社區環境。大樓附近有一個廢棄的書報攤，已經成為流浪漢的垃圾桶和臨時廁所。有天晚上，這個書報攤突然遭大火燒毀，第二天柯茲居然親自清掃剩下的灰燼。有一次召開鄰里大會，他語出驚人地說：「要恢復這條街的乾淨只有一個辦法，把西班牙裔及黑人趕出去。」

一九八一年某天下午，柯茲走進運河街地鐵站時，被三名年輕的黑人搶劫，他逃出地鐵站，三名黑人在後追趕，他們抓住他隨身攜帶的電子儀器，狠狠揍他一頓，然後把他推向玻璃門，造成他日後胸部永久性傷害。幸好有位下班的清潔工人幫忙，柯茲才能制服其中一名歹徒，但是這次經驗讓他對人生忿懣不平。他必須在警察局待六個小時接受偵訊，但是歹徒卻能在兩個小時後走出警察局，最後只以行為不檢的輕微罪行起訴。於是他向市政府申請用槍執照，但是遭到拒絕。一九八四年九月，他的父親去世，三個月後，他搭乘地鐵，坐在四名年輕的黑人旁邊，犯下一件家喻戶曉的槍擊案。

簡單來說，柯茲強烈地認定制度無法運作，導致自己成為羞辱的對象。幫柯茲撰寫自傳的魯冰（Lillian Rubin）認為，他選擇住在十四街絕對不是偶然。「對柯茲來說，」她寫道，「這個環境似乎有種魔力。就是因為這個社區有很多缺點及不安，才能轉移他內心對這個世界的不滿及憤怒。他把焦點放在外在世界，就不需要面對自己內心的痛苦。他可以指責髒亂、噪音、酒醉、犯罪、毒品販子、染有毒癮的人，而且理直氣壯。」魯冰最後的結論是，柯茲的子彈「不僅射向當下的目標，也射向過去的目標」。

依照上述的理論，地鐵二號線列車的槍擊案似乎是必然的結果。四名有前科的小混混，遇上一位心理有問題的男子。地鐵槍擊案可能是偶發事件，柯茲如果坐在漢堡王速食店，也可能射殺這四個小鬼，我們用來解釋犯罪行為的理由，大部分都是依照一樣的邏輯。心理學者把罪犯形容成心理發展不健全、和父母關係不良、缺乏角色模範可供模仿，還有一種新學說認為，人類基因可能會造成特定人士犯罪。比較通俗的說法則是由保守派人士提出的：這是道德淪喪的結果，社區、學校及父母未能教導兒童正確的是非觀念。

總之，上述理論認為，罪犯屬於一種人格特質，具有這種人格特質的人，根本不在乎正常社會的常軌。一個心理發展不健全的人，也不懂得如何和別人發展健康的人際關係。基因具有暴力傾向的人，經常會勃然大怒，正常人則能保持冷靜。沒有是非觀念的人，行為毫無規範可言。成長期間環境困苦，缺乏父親從旁教導，又受到種族歧視，這種人和來自中產階級家庭的子女對照，比較無法接受社會規範。因此，柯茲和地鐵上的四名小混混等於是作繭自縛，受困於自己不健全的世界。

那麼「破窗理論」和「環境力量」又是如何解釋這個案件？正好相反。他們認為，罪犯其實對周遭環境非常敏感，而不是活在自己的世界中。他們對各式各樣的刺激相當警覺，而且完全根據他對周遭環境的認知犯下案子。這種說法不但相當另類，甚至有些不可思議。還有更誇張的說法是：「環境力量」是從環境角度出發，認定個人行為是社會環境下的產物。不過，這是一種很特殊的環境決定論。在六〇年代，自由派人士也提出類似論點，但是他們論及環境的重要時，指的是基本的社會因素很重要。他們認為，犯罪是社會不公、結構性貧富不均、失業、種族歧視，或者數十年來有關單位及社會普遍忽視的結果，要消弭犯罪，就得大刀闊斧採取驚人之舉。

但是「環境力量」認為，真正關鍵在於小事物。柯茲在地鐵列車和小混混爆發流血衝突，和柯茲偏差的心態關係不大，和四名小混混的成長過程及窮困的背景也沒有太大的關係，關鍵在於地鐵站牆壁上的塗鴉，和乘客逃票情形嚴重。根據「環境力量」，解決犯罪問題不需要大費周章，只要擦掉塗鴉，逮捕逃票的乘客，就可以預防犯罪。犯罪風潮和巴爾的摩市的淋病或Hush Puppies等流行趨勢一樣，都有所謂的引爆點。我把「環境力量」稱為激進理論，用意即在此。朱利安尼和布萊頓一向被視為保守派，但是在處理犯罪問題上，卻是極端的自由派，立場極端到令人難以置信的地步。柯茲心裡想什麼一點都不重要，怎麼可能？如果真的一點都不重要，為什麼一般人感到難以相信？

基本屬性偏誤

第二章曾經說明，在口耳相傳的流行趨勢中，艾伯特這種人很重要，我曾經提出兩種論點。第一項研究顯示，收看ABC電視台詹寧斯播報新聞的觀眾，比收看布洛考和拉瑟新聞節目的人更容易投票給共和黨。詹寧斯似乎在不知不覺中，就能發出他傾向於共和黨候選人的訊息。第二項研究顯示，具有群眾魅力的人，能夠不說一句話、以最少的動作，就左右群眾的情緒，上述兩項研究完全符合「少數原則」的精神。

我們以為自己的偏好及情緒藏在內心深處，其實，我們在不知不覺中會受到一個看似不相干的人強烈影響，可能是每天只看他幾分鐘的新聞主播；或者在兩分鐘實驗中，坐在一旁不發一語的陌生人。同理，「環境力量」指的是特殊的環境能夠影響人心，我們內在的情緒其實是反映外在環境。心理學有很多實驗可以證明這個事實，以下是若干案例。

一九七〇年代初期，史丹佛大學一群社會科學學者決定在心理系大樓地下室建一座模擬監獄，這項實驗由金巴德（Philip Zimbardo）主持。他們利用一道三十五呎的走廊，以預鑄的牆壁隔間，蓋了三間小牢房，每間六呎寬、九呎長，牢房外加上鐵條，門也漆成黑色。另外再把一個櫥櫃變成懲罰囚犯的單人禁閉室。實驗小組在當地報紙刊登廣告，徵求參與這項實驗的志願者。結果共有七十五人應徵，金巴德和同事以心理測驗選出二十一名看來最正常、最健康的應徵者。實驗小組再隨機挑選其中一半擔任警衛，發給制服和太陽眼鏡，要求他們負責維持監獄內的秩序。金巴德也取得當地警察局的配合，前往實驗對象家中「逮捕」這些人，戴上手銬後帶往警察局，並且以莫須有的罪名起訴他們，為他們取指紋，然後矇住他們雙眼，把他們送到心理系地下室的監獄中。進入監獄後，他們得脫光衣服，換上囚衣，前胸、後背各有一個號碼，這是他們在監禁期間唯一的身分證明。實驗目的是想了解監獄為什麼如此亂七八糟。是因為監獄內都是一些亂七八糟的人？還是亂七八糟的環境，導致裡面的人也亂七八糟？要回答這個問題，等於要回答柯茲和地鐵槍擊事件提出的問題，也就是：環境對人的行為有多大的影響？

研究結果讓金巴德大吃一驚。扮演警衛的志願者，部分自認為性情平和，但很快就轉變為要求嚴厲的牢頭。第一個晚上，他們在半夜兩點鐘叫醒犯人，要求他們伏地挺身，靠著牆壁站成一列，以及做些隨警衛高興的指定動作。第二天早上，犯人開始反彈，扯掉號碼，在牢房內立起路障，不讓警衛進來。警衛則強行脫掉他們的衣服，以滅火器噴他們，甚至把帶頭反抗的人關進單人禁閉室。「有時候我們會逾越分際，對著他們的臉大喊大叫，整個監獄充滿肅殺氣氛。」一位警衛回憶。實驗繼續進行，警衛也越來越殘酷、越來越變態。

「我們所意想不到的，是這些警衛改變的強度及速度。」金巴德說。警衛強迫犯人互相說我愛對方，要求他們戴著手銬在走廊齊步走，頭上罩著紙袋。「這和我平常的作風南轅北轍，」另外一位警衛回憶說，「我當時想出很多創意十足的整人方式。」實驗進行三十六個小時後，有位犯人開始歇斯底里，不得不提前釋放。後來又放走四名犯人，因為他們出現「沮喪、哭泣、暴怒及嚴重焦慮等極端的情緒」。金巴德原本打算實驗兩個星期，但是第六天就決定取消。

「我現在才發現，」一位犯人在實驗結束後說，「不管我認定自己多理性，仍然不自主地會出現因犯的行為。」另外一位說：「我開始覺得不認得自己了，我不認得那個叫我的名字的人，那個志願要來這所監獄的人，距離我越來越遠，最後我終於覺得自己和他是兩個人。因為我當時覺得那裡是一所監獄，現在仍然這麼認為，我並不認為這是一次實驗或模擬……我是四一六號，我真的是四一六號，四一六號會決定我該怎麼辦。」

金巴德得到一個結論，**特定處境的力量相當大，能夠超越我們與生俱來的人格特質**。這裡的關鍵字是「處境」，金巴德並沒有說是環境，也沒有提及外來力量對我們生活的影響。他不否認父母的教養方式會影響我們，我們就讀的學校、結交的朋友、住處的鄰居，這些都很重要；他也不否認，基因的確會決定我們的行為，而且大部分心理學者相信，我們的行事作風一半是本身的基因所決定。金巴德的論點只是，在特定的時空及條件下，上述因素都變成次要因素。縱使是來自良好學校、和樂家庭及優良社區的正常人，只要改變他們的處境，立刻能夠強烈改變他們的行為。

一九二〇年代還有一個劃時代的實驗，也提出這項觀點。實驗是由紐約的哈尚恩（Hugh Hartshorne）及梅伊（M.A. May）兩個人主持。哈尚恩和梅伊的實驗對象是一萬一千名年齡從八歲到十六歲的學生，實驗時間歷經數個月，實驗對象必須參加數十種測驗，目的在於了解他們的誠實度。哈尚恩和梅伊採用的測驗種類攸關他們的結論，以下會詳細說明。

其中一種測驗是簡單的性向測驗，由教育研究中心（Institute for Educational Research）所開發，是現今學生性向測驗的前身。在填空測驗中，要求學生在空白處填寫文字，例如，「這可憐的小＿＿＿沒有東西＿＿＿；他肚子餓了。」數學測驗的題目包括，「糖每磅十分，五磅糖售價多少？」學生必須在空白處寫上答案。由於答題的時間根本不夠，大部分學生留下許多題目空著未答，時間到了，研究人員收回考卷，開始評分。第二天學生參加類似的測驗，測驗題目不同，但難度一樣。這次研究人員發給學生答案卡，要求他們自己評分，研究人員也未嚴格監督。換句話說，哈尚恩和梅伊設下一個圈套：學生手中有答案，自己的考卷有很多空白未答，作弊的誘因很大。哈尚恩和梅伊則拿到前一天的考卷，只要兩相比較，就能知道每位學生作弊的程度。

另一項測驗稱為速度測驗，則比較簡單，每位學生拿到一百一十二個數字，必須相加起來；或者發給學生一堆隨機安排的字母，要求他們唸出這些字母，並且只要唸到A，就在A這個字母下劃線。這些測驗都得在一分鐘內完成，然後進行下一組類似的測驗，但是這一次作答的時間不設限。總之，兩位心理學者在無數不同的處境下，進行許多不同的測驗，包括有關學生體能的測驗，例如引體向上或跳遠，並私下觀察他們是否會謊報自己的成績。學生可以帶測驗回家考，絕對有機會使用字典或找人幫忙；然後到學校再考一次，此時就絕對無法作弊，之後研究人員再比較兩項測驗成績。最後，所有研究結果足足寫了三大冊，許多對人格特質先入為主的觀念也受到挑戰。

他們第一個結論是：許多學生都作弊。在可以作弊的處境下，有個案例得分平均比「誠實作答」的分數高出五〇％。哈尚恩及梅伊希望為作弊找出模式，兩人的發現大致相當。聰明學生的作弊次數低於較不聰明的學生；女學生和男學生作弊的比率大致一樣。年齡大的學生比較會作弊；來自安定和樂家庭的學生，作弊的次數略少於來自家庭不和的學生。進一步分析可以發現，各項測驗中學生的行為模式大多一致。

但是並非完全一致。會作弊的學生並非只有那一小撮，不作弊的學生也不是只有特定的一群人。有些孩子在家會作弊，在學校則很誠實；有些學生正好相反。假設某位學生在填空測驗作弊，他不見得一定會在 A 字母劃線的速度測驗中作弊。哈尚恩及梅伊發現，如果同一組學生六個月後接受同樣的測驗，原先作弊的學生會再度作弊。不過，如果改變測驗的內容、測驗的方式，作弊情形也會不同。

哈尚恩及梅伊因此得知，誠實不是一個人的基本特質，或者不是他們所謂的「一致性」的特質。他們得出結論，像誠實這種特質，受到處境的影響很大。他們寫道：

大部分兒童會在特定處境下作假，其他處境則不會。這些研究使用的測驗處境，雖然都用來評估兒童說謊、作弊及偷竊的程度，但是彼此關聯性不大。同樣在教室內作弊也有個別的差異，例如，學童在數學測驗作弊，不見得會在拼字測驗作弊。兒童是否在特定處境時作假，部分原因在於他的才智、年齡、家庭背景，另一方面則是處境本身，以及身處其中的兒童如何看待該處境。

上述論點似乎和一般人直覺的想法不同。如果我請你形容好友的個性，應該輕而易舉，你不會說出「我朋友霍華非常慷慨大方，但是只在我向他要東西的時候，他家人開口時則未必。」或者「我的朋友愛麗絲在個人生活上誠實無欺，但是她在工作上卻非常靠不住。」反之，你會說，你朋友霍華非常大方，愛麗絲很誠實。我們會以絕對的角度評論別人的個性：某人是如何如何，或者某人不是如何如何。但是金巴德、哈尚恩及梅伊的研究卻顯示，這種看法不正確，如果我們只考慮與生俱來的人格特質，忽略處境扮演的角色，就無法找出人類行為的真正原因。

我們為什麼會犯下這種錯誤？可能和人類大腦演化的方式有關。例如，人類學者研究東非綠猴時發現，這種猴子不太擅長判斷某些事物的意義，例如一頭羚羊的屍體吊在樹枝上（顯示附近可能有一頭豹），或者一條蟒蛇滑過的痕跡。東非綠猴無視於蟒蛇經過的痕跡，跳到灌木叢中，結果真的遇到蟒蛇時卻不知所措。這不是說東非綠猴很笨，相反地，東非綠猴彼此相處時，具備相當複雜的溝通技巧，牠們只要聽一聽雄猴的叫聲，就能判斷牠是否屬於自己這一群，或者是鄰近的一群。東非綠猴聽到幼猴哀嚎時，牠們的目光會立刻投向這隻幼猴的母猴，牠們能夠馬上知道誰是母親。換句話說，東非綠猴擅長處理特定的資訊，但是不善於處理其他資訊。人類也是如此。

請參考以下的腦筋急轉彎：如果我給你四張卡片，分別標示字母A、D，和數字三、六。遊戲規則是標示著母音的卡片背面一定是偶數。你必須翻開幾張卡片，才能證明這條規則正確？答案是兩張，分別是上面有A及三的卡片。大部分玩這個遊戲的人都沒有猜對。他們通常只會回答A卡，或者A及六兩張卡片。這個問題很難。

我再提出另一個問題：假設四個人在酒館內，一個人在喝可樂、一個人是十六歲、一個人在喝啤酒、一個人是二十五歲。依照法令二十歲以下的人不得喝酒，我們得檢查哪個人的身分證，才能確保他們沒有違法？事實上，幾乎所有人都會答對，只要檢查喝啤酒的人和十六歲的人。想出這個遊戲的心理學者康蜜迪絲（Leda Cosmides）指出，這個遊戲和前一個遊戲完全一樣，差別在於它是以人為主角，而非數字；比起處理抽象世界的問題，我們一遇到和人類相關的問題時，會熟悉得多。

我們以為人類的個性應該前後一致，其實這就像我們處理資訊時會有盲點一樣，都是不正確的。心理學者把這種傾向稱為「基本屬性偏誤」（Fundamental Attribution Error, EAE），說得通俗一點就是，**人類在解釋別人行為時，往往會高估個性的重要性，低估處境及背景的重要性**。我們總是以「人格特質」，而不是「背景條件」，來解釋發生的事情，例如，研究人員請一群人觀賞兩隊籃球選手的射籃技巧，其實兩隊實力差不多，第一隊是在燈光充足的籃球場射籃，另一隊則是在照明不佳的球場投籃，很多球都沒射中。研究人員再請這些人為球員打分數，結果大家認定，第一隊球員比較厲害。

另外一個例子中，一群人參加猜謎比賽，先分成兩隊，然後抽籤。其中一人抽到一張卡片，他必須充當「參賽人」，另一個人則擔任「發問人」。發問人必須抽出十道專業的問題，這些問題必須「有一定難度，但不致考倒所有人」。因此，有人如果熟悉烏克蘭民俗音樂，可以提出十道這方面的問題，而「參賽人」必須回答這些問題，遊戲結束，雙方必須評估對方的常識程度。一般來說，「參賽人」都認為，「發問人」比自己聰明得多。這項實驗再作一千次，結果也是大同小異。實驗對象在評估某些行為時，縱使你以明顯而立即的環境因素加以解釋，他們也不會接受：第一項實驗中燈光較暗的球場，第二項實驗中「參賽人」回答的問題，都是最具偏見、受到人為操縱明顯的題目。但是，最後結果卻一樣。我們基於本能，會以別人的人格特質解釋周遭的世界：他是比較厲害的籃球選手或那個人比我聰明。

我們就像東非綠猴，容易從個人的角度觀察世界，而非環境的因素，「基本屬性偏誤」也讓這個世界更單純，更容易了解。近年來，各方開始認定，出生的先後次序是決定人格特質最基本的因素之一：哥哥、姊姊比較喜歡支配他人，但也比較保守；弟弟、妹妹比較有創意，但比較叛逆。心理學者以實驗驗證這項觀點，結果和哈尚恩及梅伊的結論大致相同。出生的先後次序的確會影響人格特質，但是根據心理學者哈麗絲（Judith Harris）在《教養的假設》（*The Nurture Assumption*）所提出的，這種影響僅限於所屬家族內；離開所屬家族後，哥哥、姊姊不見得喜歡發號施令，弟弟、妹妹也不見得比其他人更叛逆。

出生次序又是一個典型的基本屬性偏誤案例，但是許多人深信不疑，因為如此歸因最簡單，只要依照別人的出生次序，就斷定他的個性。這是草率行事。如果我們要以各式各樣的條件評估周遭的人，我們恐怕很難理解這個世界。我們每天都要針對別人作出成千上百的決定，我們是否喜歡某人、愛某人、信任某人，或者願意提供某人建議？

心理學者米謝爾（Walter Mischel）認為，人類內心有一種「調整閥」，「縱使觀察到實際行為已有改變，我們仍然會創造及維持情況未變的假象。」他寫道：

我們觀察到一位女性，有時充滿敵意、獨立自主，但在其他場合卻被動依賴，而且很有女人味。這時我們體內的「過濾閥」會二選一，我們會認定，其中一種行為模式是為了掩護另外一種行為，甚至兩種行為都是為了掩護第三種動機。她一定是一位女中豪傑，只是表面上順從被動；或者她其實是被動、依賴、溫和的小女子，表面上維持積極進取形象，保護自己。也許天性原本就比我們想像的更複雜，這名女子可能集敵意、獨立自主、被動依賴、很有女人味、強勢、溫和、女中豪傑等特質於一身。當然，她在特定時刻呈現何種特質的原因很多，包括她和誰在一起、時間、兩人相處的情形等。但是上述特質可能都是她複雜個性中真實的一部分。

個性不見得符合我們所認定或希望認定的模式。個性並非一組持續不變、容易辨識的特質。個性比較像是一組習慣、癖好和興趣，在特定的時間、條件及環境下相互結合依存。大部分人的個性似乎前後一貫，因為大部分人善於控制所處的環境。例如，我在晚宴上玩得很開心，因此，我會舉辦很多晚宴，朋友看到我在晚宴上，也覺得我很開心。如果我無法舉辦很多晚宴，或者朋友看到我無法或很難控制周遭的環境，例如在航髒、破損的地鐵上面對四名小混混，他們可能就不會覺得我很開心。

情境造英雄：「和善的撒馬利亞人」實驗

幾年前，普林斯頓大學心理學者達利（John Darley）和貝森（Daniel Batson）決定進行一項實驗，起因是《聖經》上「和善的撒馬利亞人」的故事。這則故事出自《新約聖經》中的〈路加福音〉，敘述一位旅人遭人毆打及搶劫，然後任由他在耶路撒冷到耶律哥的路上自生自滅。一位牧師和利未人經過他時，雖然他們都值得尊敬而且虔誠信主，卻都沒有停下腳步，而是「繞道而行」。唯一幫助這位旅人的是受到歧視的撒馬利亞人，他走上前為旅人包紮傷口，帶他到客棧。達利和貝森決定在普林斯頓神學院前重現這項研究。這項實驗非常符合基本屬性偏誤的傳統，也充分顯示環境力量如何深深影響我們看待各種社會流行的方式。

達利和貝森分別會晤一群神學院學生，要求他們每一個人針對《聖經》的特定主題準備一段簡短的講詞，然後到附近大樓講道。在前往這棟大樓途中，每位神學院學生會遇到一位低著頭、雙眼緊閉的男子，倒在地上咳嗽及呻吟。實驗目的是看誰會停下來伸援。

達利及貝森在實驗中加入三項變數，使得實驗結果更有意義。第一項變數起於實驗開始前，他們要神學院學生填寫一份問卷，了解他們為什麼學習神學。他們是否認為宗教是個人及精神滿足的手段？或者他們覺得，這是尋找日常生活意義的工具？然後達利和貝森再更換神學院學生稍後的講題，有些人得說明專業牧師和上帝的召喚之間有何關聯，有些人得講解「和善的撒馬利亞人」這節經文。最後，研究人員給每位神學院學生的指令都不同。研究人員有時候看著手錶說：「喔，你已經遲到了，幾分鐘前就應該開始了。我們最好趕快走。」有時候則是，「還有幾分鐘才開始，你現在可以慢慢走過去了。」

如果你要別人預測哪位神學院學生會成為現代的「和善的撒馬利亞人」，答案會相當一致。大家幾乎異口同聲認為，擔任神職服務世人的學生，以及剛唸過「和善的撒馬利亞人」經文的學生，最可能停下來幫助倒地的人。大部分人應該都同意這種說法，但事實上，兩個因素都沒有差別。

「我們以為剛唸過『和善的撒馬利亞人』經文的人，最能發揮人溺己溺的精神，結果這些神學院學生付諸行動的情形卻不明顯，」達利和貝森指出，「事實上，有位準備講解這經文的學生，匆忙趕路之際竟然跨過那位不幸的人。」因此，學生是否伸援的唯一條件是，他是否在趕路。必須趕路的學生中，一〇%會停下步幫忙。知道自己還有一點時間的學生，六三%會伸出援手。

換句話說，上述實驗顯示，周遭環境恐怕比信仰及思想更能影響人的行為。一句「你遲到了」，就可以讓原本充滿同情心的人在面對苦難時，變得視而不見。同一個人在一瞬間就出現一百八十度的轉變，流行趨勢本質上就是這種轉變的過程。我們想讓一個想法、態度或產品異軍突起、大受歡迎，就得設法改變我們的觀眾，雖然轉變幅度不大，卻相當關鍵：我們希望影響他們、感染他們，讓他們由充滿敵意，變成欣然接納。透過特別的人、和他們有特殊關係的人，就可能改變他們，這是少數原則。我們也可以改變訊息的內容，讓別人永遠難忘，促使他們採取行動，這是定著因素。這兩項原則你一聽就懂，而稍微改變一下環境，也有一樣的魔力，雖然這和我們大多數人根深柢固的想法背道而馳。

我並不是說，我們內心深處及個人的經歷不能夠解釋我們的行為，例如，曾經出現暴力行為的人，精神方面疾病的比率相當高，或者較可能是來自紛擾不安的環境。不過，暴力傾向，和實際出現暴力行為，兩者還是有很大的差距。犯罪事件畢竟還是少數，也比較異常。一個深受困擾的人需要其他刺激，才會真正轉向暴力，甚至犯罪。而「環境力量」提出的論點是，塗鴉或逃票這種日常生活的失序，雖然微不足道，卻正是引爆點，這項論點意義非凡。

以前我們認定，人格特質決定一切，發生暴力行為的原因總是「反社會性格」或「缺陷超我」（deficient superego），或者無法延後報償、基因有缺陷，總之，它是犯罪學中最被動及最反動理論。根據這項理論，抓到罪犯後，你可以給他百憂解，提供他心理治療，讓他恢復正常，但是你無法防止另一次犯罪行為。以往處理犯罪風潮的方式，就是採取預防措施，門上多加一把鎖，延緩小偷進門的速度，甚至鼓勵他去偷別家；延長罪犯的刑期，減少他們傷害他人的機會；或是搬到郊區，盡量離大部分罪犯遠一點。不過，一旦你了解環境的重要性後，環境中一些特定的小細節可以成為引爆點，就不會再存有這種失敗主義的論調。環境的引爆點是我們能夠改變的：我們可以修理破損的窗戶，清除塗鴉，不要招引罪犯。我們不僅能夠了解犯罪，甚至可以預防犯罪。不僅於此，哈理斯指出，比起家庭的壓力，同儕及社區的壓力更能決定兒童會成為哪種人。研究青少年犯罪及高中退學率後發現，青少年如果本身家庭不和樂，但是整體社區環境不錯，他會表現得比來自和樂家庭、但社區環境不良的青少年好。一直以來，我們都認為家庭對子女的影響深遠重大，一下子很難認同這種說法，但事實上，這就是另外一種環境力量，因為兒童深受外在環境所左右。

我們是什麼樣的人、會有哪些行為，在在都與平常經過的馬路、遇到的人息息相關。到頭來，不僅嚴重的犯罪行為深受環境影響，人類所有行為都受到環境影響。這種論點有點匪夷所思，思考史丹佛大學的監獄實驗和紐約地鐵列車實驗的意義，如果周遭不是垃圾及塗鴉，而是乾淨的街道或車廂，身處其中的人應該也會變得比較好。

槍擊事件發生後幾天，柯茲打電話給鄰居費德曼（Myra Friedman），口氣仍忿忿不平，他說：「遇到這種情況，就好像上了戰場。你不會以平常心看待，你的記憶也不能正常運作。

你似乎興奮過度。你看到的東西不一樣了，視野也變了，能力更不一樣，顯得邪惡殘忍……如果你把一隻老鼠逼到角落，你會宰了牠，對吧？我的反應也是邪惡殘忍，就像一隻老鼠。」

的確，他就像是處在鼠窩中。

本章參考資訊

*柯茲的紐約槍擊事件，參考《一件自我防衛的槍擊案》（*A Crime of Self Defense*, 1988）。

*布萊頓的著作《扭轉乾坤》（*Turnaround: How American's Top Cop Reversed the Crime Epidemic*, 1998）探討紐約犯罪問題。

*犯罪學者威爾森和凱林的著作《修補破窗》（*Fixing Broken Windows: Restoring Orders and Reducing Crime in Our Communities*, 1996）探討「破窗理論」。

*關於「基本屬性偏誤」，參見《人與處境》（*The Person and the Situation*, 1991）一書。

Chapter 5

環境力量（下）

——神奇數字一百五十

The Power of Context (Part Two)

若要掀起一股風潮，突破引爆點，哪種團體最有效？
是否有套公式能分辨哪些團體真正具備社會權威，
哪些團體只是虛有其表？

曾經擔任女演員及編劇的魏爾詩（Rebecca Wells）所出版的《小小祭壇處處見》（*Little Altars Everywhere*），在她居住的西雅圖一帶曾經是暢銷書。一九九六年她再度發表《雅雅姊妹會的超凡祕密》（*Divine Secrets of the Ya-Ya Sisterhood*），新書上市的時候並不轟動，顯然她還沒有史提爾（Danielle Steel）或克拉克（Mary Higgins Clark）的功力。當新書在康乃狄克州格林威治發表後，魏爾詩很快地辦了一場讀友會，現場只到了七位讀者。她也到處接受訪問，最後精裝本竟然賣掉一萬五千本，相當驚人。

一年後，平裝本問世，第一刷一萬八千本在幾個月內賣光，遠超過預期。當年夏季，平裝本總銷量達到三萬本，魏爾詩後來回憶，「我為讀者簽名時，總會有一票女生一起來，大約六、七位，請我為數目不等的新書簽名，從三本到十本都有。」魏爾詩和她的主編蕾佛蘭（Diane Reverand）開始覺得，即將發生一件奇妙的事情。隨即蕾佛蘭要求行銷部門開始為新書打廣告，他們在《紐約客》雜誌目錄頁的對頁刊登廣告，一個月內，總銷售量快速成長到六萬本。

魏爾詩持續在全國各地參加讀友會，她發覺讀者結構慢慢在改變，「我注意到母女檔開始一起出現，女兒大約是四十歲左右，母親則屬於在二次大戰期間唸高中的那一代人。然後我發現，讀友會上出現三代同堂，二十多歲的年輕女孩也來了。最令我高興的是，後來十幾歲、甚至五年級的小女生也出現了。」

《雅雅姊妹會的超凡祕密》直到一九九八年二月才榮登暢銷書排行榜，當時已經第四十八刷，總共賣出兩百五十萬本。雖然大型婦女雜誌等全國媒體還沒注意到這本書，而且魏爾詩也未在電視節目上亮相成為名人，但是透過口耳相傳的力量，她的新書已經異軍突起。魏爾詩說：「我認為，引爆點可能是在北加州，就在平裝本出版後的那個冬天。我走進讀友會，現場一下子有七、八百人。」

這本書為什麼能夠掀起一股風潮？如今回想，答案非常簡單。書的內容溫馨感人、文字優美，主題是友誼及母女關係，它能直指人心，讓人永遠難忘，具有定著功效。此外，魏爾詩本身是演員，她在全國各地的讀友會上，不是朗讀書中的內容給讀者聽，而是直接把書中的角色演出來，把朗讀變成表演。她正是典型的「推銷員」。第三個因素比較不明顯，卻和流行風潮最後一個原則有關，本書的成功正好證明「環境力量」。說得更明白一些，團體在社會流行風潮扮演了關鍵的角色。

善用團體力量

這個觀點相當清楚。曾看過電影的人都知道，電影院內的觀眾人數多寡，對這部電影好壞與否影響很大。電影院如果客滿，喜劇片一定更好笑，恐怖片也一定更嚇人。心理學者也得出同樣的結論；雖然是一樣的問題，一般人在團體中作答，和捫心自問時的答案恐怕非常不一樣。我們一旦身為團體的一份子，就容易受到同儕的壓力、社會的規範，或其他在風潮之初感染我們的關鍵力量。

你曾否想過，宗教活動是怎麼開始的？我們通常會認為，像保羅（Apostle Paul）、葛理翰（Billy Graham）或楊百翰（Brigham Young）這種極具魅力的佈道家是始作俑者。但是有效運用團體的力量，也有助於傳播新觀念。十八世紀末及十九世紀初，衛理公會派（Methodist）在英國及北美洲風行一時，一七八〇年代在美國的信徒只有兩萬人，五、六年內暴增至九萬人。但衛理公會派的創辦人衛斯理（John Wesley）絕對不是當時最具魅力的佈道家，這個榮耀應該歸給懷特費德（George Whitfield），他負責講道，深具群眾魅力，據說他曾經說服富蘭克林捐獻五英鎊，而富蘭克林這位美國開國元勳不上教堂是出了名的。衛斯理也不像喀爾文或馬丁．路德一樣是神學家，他的天才顯現在組織方面。

衛斯理經常奔走於英國及北美洲，露天為數千人講道，他不僅為蒼生禱告，還會在每個城鎮停留足夠的時間，把最熱情的信徒組織成宗教團體，每個團體再分成小組，每個小組約有十二名信徒。信徒每週必須參加聚會，並且遵守嚴格的戒律。違背衛理公會派教條的信徒會被逐出團體，換句話說，這個教會堅持本身的信念。衛斯理一生馬不停蹄地在這些團體來回奔波，每年騎馬跑上四千哩，藉此強化教派的教義。他是標準的連結者，更是超級李佛，但兩者的差別在於，他並非和許多人保持良好關係，而是和許多團體保持良好關係。衛斯理知道，要徹底改變世人的信仰及行為，而且是永久性的改變，並且能夠做為別人的楷模，就得在信徒之間創立社團，如此一來，新的信仰才能夠付諸實行。

上例也可以解釋《雅雅姊妹會的超凡祕密》一書為什麼能夠異軍突起。這本書榮登的第一個暢銷書排行是北加州的獨立書商排行榜；魏爾詩第一次有七、八百人出席的讀友會，也正是在北加州。《雅雅姊妹會的超凡祕密》的風潮就從此處一發不可收拾。為什麼？根據蕾佛蘭的說法，舊金山是美國讀書會最發達的地區之一，從一開始，《雅雅姊妹會的超凡祕密》一書就被定位為發行商所謂的「讀書會的書」。這本小說表達出豐富的情感，書中人物引人入勝，而且相當有深度，難怪引起讀者深思及討論，對於讀書會更是趨之若鶩。

出席魏爾詩讀友會的女性團體，也是讀書會的成員，她們一口氣多買好幾本，不僅是買給親朋好友，也買給其他參與團體的成員。由於讀書會成員集體討論及閱讀這本小說，這本書更令人定著，畢竟曾經和摯友討論兩個小時書中章節後，你一定更容易記住及欣賞這本書。於是它便成為一種社會經驗、一個話題，而《雅雅姊妹會的超凡祕密》在讀書會根深柢固的地位，也讓它在口耳相傳的風潮中更為轟動。

魏爾詩在讀友會尾聲回答問題時，女性來賓會告訴她：「我們的讀書會已經成立兩年，讀過你的書之後，成員之間情感日密，彼此分享的程度更勝朋友。她們告訴我，她們開始一起去海灘，一起到彼此家中作客。」她們甚至模仿書中的團體，自己也組成「雅雅姊妹會」，並把團體照片帶到讀友會場，請魏爾詩簽名。

衛斯理的衛理公會派像星火燎原一樣，從英國傳到北美洲，主要得歸功於衛斯理在數百個分會之間來回穿梭，每個分會接受他的訊息後，信仰更堅定。

「雅雅姊妹會」擴散的情形也差不多，讀書會也好，「雅雅姊妹會」也好，甚至魏爾詩的讀友會，都是一傳十、十傳百，「雅雅」這個字幾乎無遠弗屆，魏爾詩本人放下手邊所有事情，不停地在全美各地奔波長達一年。

根據「雅雅」和衛斯理的經驗，緊密相連的小團體也能小兵立大功，將一個訊息或觀念蔚為風潮的潛力發揮到極致。不過，這項結論仍然還有疑問有待釐清，例如，「團體」這個字可以形容籃球隊，也可以形容卡車司機工會、一起度假的兩對情侶，或者整個共和黨都算是團體。如果有意掀起一股風潮，而且能夠突破引爆點，哪種團體最有效？是否有一套公式，可以分辨哪些團體真正具備社會權威，哪些團體只是虛有其表？這種公式的確存在，我們稱為「一百五十原則」（Rule of 150），而在這個原則的許多案例中，環境會以奇特而且意外的方式影響社會上的流行風潮。

一百五十原則

認知心理學中有一個觀念，稱為「通路容量」（channel capacity），指的是大腦中記憶特殊資訊的空間，假設，我隨意彈奏幾個音符，請你辨識：如果我彈的是低音，你就說一；如果是高音，你就說三；如果是兩者之間，你就說二；看看你能持續辨認多久。音感絕佳的人當然可以一直玩這個遊戲，你彈奏幾十個音符，他們都不會弄錯。但是對大部分人來說，這個遊戲很難，大部分人只能把音符大約分成六類，然後就會開始犯錯，把不同的音符歸為同一類。假設我演奏五個音調非常高的音符，你都能辨識；我再演奏五個音調非常低的音符，你也能分辨；那麼我同時演奏這些高、低音符，你以為自己還是可以過關？其實不然，你可能只能分辨六種音符。

這種自然的限制一再出現於許多簡單的測驗中。如果我要你喝二十杯冰茶，每杯的甜度都不同，請你根據甜淡加以分類，你最多只能分出六、七類，然後就開始犯錯。我在你面前的螢幕快速地投射光點，請你算出有幾個光點，光點在七個以下的時候，你能夠馬上說出數目，超過七個，你就得靠猜的了。

心理學者米勒（George Miller）在他著名的論文〈神奇數字七〉（The Magical Number Seven）中指出，「也許是透過學習，或者是神經系統的設計，人類大腦似乎天生就受到限制。」難怪電話號碼是七碼。普林斯頓大學記憶研究人員柯恩（Jonathan Cohen）指出，「貝爾當初發明電話時，原本希望電話號碼越長越好，容量才比較大，但是又不能太長，以免大家記不住。」市區電話號碼如果是八碼或九碼，就會超過人類大腦的通路容量，因此打錯電話的機率勢必增加。換句話說，人類同時只能處理有限的資訊，一旦超越分際，我們就會心有餘而力不足。不過此處討論的是智力容量，也就是人類處理原始資訊的能力，其實，我們還有情緒的「通路容量」。

請你以一分鐘的時間，列出哪些人去世後你會傷痛欲絕。你可能會舉出十二個人，因為這是大部分人答案的平均值。心理學者把這份名單稱為我們的「同情團體」（sympathy group）。這個團體的人數為什麼不能多一些？部分原因是時間的問題。看看名單上的人名，無論是在電話上、面對面、隔空思念或擔心的程度上，他們可能是你最在意的人。如果你的名單是兩倍長，上面多達三十個人名，你對每個人能夠付出的時間勢必減半，你和他們能否像以前那樣親密？恐怕未必，因為和別人成為摯友，至少得投入時間，還需要付出感情。所以名單上的人名在十到十五個人的時候，我們開始覺得超載，就像我們無法分辨太多音符一樣，這就是人類生理的運作方式。生物學者華許伯恩（S. L. Washburn）寫道：

> 農業社會興起前，人類形成小聚落，彼此面對面往來，大部分的演化在此之前已經完成，因此，生理上適應的條件早就不復存在。人類演化後，只對少數人、短距離，及相對短暫的時間具有強烈的感覺；這些對他仍是生活中最重要的一環。

不過，我們最有趣的天然限制是「社會通路容量」。英國人類學者鄧巴（Robin Dunbar）針對社會通路容量的論點最具說服力。猴子、猩猩、狒狒及人類等靈長類動物是腦容量最大的哺乳類動物。在大腦內有個名為大腦新皮質（neocortex）的特定區，負責處理思考及推理，多年來，科學家一再反覆推敲其中的道理，各方說法紛紜。

有一種理論是，人類大腦會演化，是因為靈長類的祖先開始以更複雜的方式累積食物，不再吃草葉，而改吃果實，這種演化需要更強的思考能力。為了找到果實，必須到更遠的地方，因此心中必須有一幅地圖，還得注意到果實是否成熟可食；為了吃到其中的果肉，你得剝除果實的外皮。但這套理論有個盲點是，靈長類動物的腦容量和牠們的進食習慣並沒有必然的關係，例如，部分吃葉子的靈長類動物腦容量仍然很大；或者大腦雖然小，但也會吃果實。同理，部分大腦新皮質小的靈長類動物，會走很遠的距離採集食物，也有腦容量大的靈長類就在巢穴中進食，因此這套理論說不通。

鄧巴則認為，重點在於團體的大小。從猴子到人猿，任何一種靈長類動物都一樣，大腦新皮質越大，牠們所屬團體的平均規模越大。鄧巴指出，為了因應規模較大的社會團體，大腦容量會變得比較大。如果你所屬的團體只有五個人，你必須追蹤十種不同的人際關係：你和其他四個人的關係，以及其他四個人彼此間的六種雙邊關係。你必須了解團體內人際互動的情形、應付不同人的性格、讓人開心、管理自己的時間及注意力。如果所屬團體內有二十個人，你得追蹤的雙邊人際關係就多達一百九十種：你自己就有十九種對應關係，其他人還有一百七十一種。團體人數成為原先的五倍，必須處理的人際關係則變成原來的二十倍。換句話說，團體人數雖然小幅增加，成員社交及心智的負擔卻加重許多。

人類的腦容量足以處理複雜的社會關係，因此人類擁有所有靈長類動物中規模最大的團體。鄧巴曾經發明一項公式，適用於大部分靈長類動物，他稱為「大腦新皮質比」，也就是大腦新皮質和大腦容量的比率，由此公式可以推算出動物所屬團體最大的規模。以智人（Homo sapiens）的大腦新皮質比推算，團體最多的人數是一百四十七・八人，約為一百五十人。

「換句話說，我們最多同時能和一百五十人建立真正的社會關係，我們不但認識這些人，也知道彼此的關係。說得白話些，你在酒吧如果巧遇熟人，你可以在巧遇的情況下和他一起喝酒，而不會覺得不自在的朋友，最多只有一百五十位。」鄧巴說。

鄧巴讀過許多人類學文獻，發現一百五十這個數字一再出現。例如，他觀察二十一個歷史資料相當豐富的漁獵社會，包括澳洲的華比里（Walbiri）族、新幾內亞的陶亞德（Tauade）族、格陵蘭的安馬沙利克（Ammassalik）族，及火地島的翁拿（Ona）族，結果發現這些族群的村子，平均人數為一百四十八・四人。此外，軍事單位也是如此。

鄧巴寫道，「多年來，軍事管理人員得出一條金科玉律，戰鬥單位的人數不能超過兩百人，我認為，這不單單關係到後方將軍的指揮調度。因為第一次世界大戰後，通訊科技突飛猛進，但是一個連的人數仍維持在這個水準。軍事管理人員經過幾百年的嘗試錯誤，已經發現超過這個人數的時候，連隊內部成員根本無法彼此熟稔，更別說在戰場上並肩作戰、發揮戰力了。」

當然，理論上仍然可以成立一支人數更多的部隊。但是人數越多，就得設置越複雜的編制、規定、管理，制定措施維繫人員的忠誠及凝聚力。鄧巴指出，人數如果低於一百五十，可能就可以非正式的方式達成上述目標：「這種人數的團體，能以個人忠誠及直接接觸的方式，執行命令和控制不當行為。人數較多的團體，這些手法就行不通。」

哈特派（Hutterites）這個宗教團體，數百年來一直自給自足住在歐洲的農莊內，二十世紀初進入北美洲。哈特派和艾米許教派（Amish）及門諾教派（Mennonites）系出同門，只要農莊的人口達到一百五十人，就得一分為二，另外設立一座新的農莊。哈特派一位農莊負責人葛洛斯（Bill Gross）告訴我：「**人數維持在一百五十人以下，似乎是管理一群人最好、最有效的方式**。如果超過一百五十人，彼此可能成為陌生人。」哈特派絕對不是從當代演化心理學學到這個觀念，他們早在數百年前就嚴守村民人口在一百五十人以下的傳統，只是他們遵循這項傳統的理由，和鄧巴的理論完全吻合。

哈特派人相信，村民人數增加到一百五十人後，會發生一些莫名其妙、但千真萬確的事情，總之，社區的本質會在一夕之間改變。葛洛斯說：「小團體的成員彼此會比較親密，他們相互依偎，才能有效、成功地參與社區生活，萬一社區人數太多，彼此之間缺乏充分的交集，成員之間開始形同陌路，然後就喪失相互依偎的夥伴關係。」葛洛斯完全是經驗之談，他在哈特派幾個人數接近一百五十人的農莊待過，在現場親身了解社區如何變化。「人口增加到一定水準後，這個團體內部自動會分成小團體。」他特別以手勢強調分裂的語氣，「大團體內會分成兩或三個小團體。雖然我們千方百計想避免分裂，一旦出現這種情形，分裂勢在必行。」

企業共通記憶

本書已經提出若干案例，說明外在環境雖然改變不大，對我們的行為及身分卻影響深遠。清除塗鴉後，原本有犯罪傾向的人突然會控制自己；告訴神學院學生要趕快去講道，他竟然對周遭路人的痛苦視若無睹；一百五十原則顯示，團體成員的多寡是另一個不起眼的環境因素，卻能造成重大差異。在哈特派的案例中，農莊人數維持在一百五十人以下時，大家都能相安無事，也能遵守社區規範，一旦人數超過這個水準，社區會突然分裂，彼此互不信任。只要逾越引爆點，大家的行為就開始和以往截然不同。

在《雅雅姊妹會的超凡祕密》一例中，或早期的衛理公會派，團體為孕育信念的溫床，但是這些團體的成員人數必須保持在一百五十人以下。超過這個數字，這個團體就很難同心協力，步調劃一。假設我們要在落後社區設立學校，企圖化解鄰近地區的暴戾氣氛，根據一百五十原則，我們應該設立許多規模較小的學校，而非只成立一或兩所大型學校。根據這項原則，信徒人數快速擴張的社會、俱樂部的成員、或傳布共同理念的團體活動，尤其得注意組織膨脹的危險。成員人數超過一百五十人，雖然只是小小的改變，後果卻是南轅北轍。

高爾合夥公司（Gore Associates）位於德拉瓦州的紐華克，是一家高科技公司，能夠成功化解這個問題，足以做為其他組織的典範。高爾公司生產防水纖維、牙線、電腦線的特殊絕緣塗膠，以及針對汽車、半導體、製藥業、醫學業等產業，生產精密的特殊卡匣、過濾袋、管子。公司成員都沒有頭銜，員工的名片上只有姓名，無論他的薪資多高、肩負多大的責任、或者年資多久，姓名下方都只有「夥伴」兩個字。員工沒有直屬上司，只有贊助人；他會照顧員工的利益，扮演他們的良師益友。公司沒有組織編制圖，也沒有預算、更沒有複雜的策略計畫。薪資由所有員工集體決定。總公司是一棟低矮的紅色磚造建築，非常樸實。「高級主管」辦公室都是裝潢樸素的小房間，走廊也很狹窄。高爾辦公大樓的四個角落是會議室或空地，因此沒有高人一等的辦公室。

我採訪高爾公司的韓恩（Bob Hen），他在德拉瓦州的工廠工作，可能是高階主管之一。我設法讓他告訴我他在公司的職位為何，卻未能如願。他的辦公室和其他人一樣大，名片上的頭銜也是「夥伴」。他似乎沒有祕書，穿著和其他人沒有不同，我一再請他說明自己的身分，他終於笑著說：「我只是管閒事的人。」

簡單來說，高爾是一家非常特殊的公司，經營哲學相當清楚明確。公司規模雖然龐大，仍然企圖以剛創業的模式來經營，而且從各種角度觀察，這種經營模式相當成功。企管專家發表最值得效力的美國企業排行榜，或者管理顧問提及管理最好的美國企業時，高爾公司一定榜上有名。高爾公司員工流動率是同業平均數值的三分之一。公司連續三十五年賺錢，業務蒸蒸日上，產品不但日新月異，而且獲利高，成為同業欽羨的對象。高爾公司能夠堅持小型公司的規範，公司上下一體奉行，如今規模雖然擴大到十億美元，員工多達數千人，仍能繼續成長。他們成功的祕訣是什麼？答案就是遵守一百五十原則。

公司創辦人高爾（Wibert Gore）和哈特派一樣，都不是受到鄧巴的影響。反之，兩者都是經過一連串嘗試錯誤後，一路跌跌撞撞才學會這項原則。若干年前他接受訪問時說：「我們一再發現，每次工廠員工超過一百五十人，就會遇上麻煩。」因此公司訂下目標，每家工廠編制就是一百五十人。換句話說，公司電子部門旗下的工廠，占地不能超過五萬平方呎，因為工廠員工人數不會超過一百五十人。

韓恩說：「有人曾問我，如何規劃公司長程目標，我回答，很簡單，蓋一座一百五十個停車位的停車場，如果附近草地開始有人停車，代表公司又要興建新工廠了。」事實上，高爾公司在德拉瓦州及馬里蘭州方圓十二哩的範圍內共有十五座工廠。每家工廠都發展個別的企業文化。老員工蔡斯（Burt Chase）告訴我：「各棟大樓的停車場距離很遠，你得走很久才能穿越停車場，走路的時間用來開車，大概可以開上五哩。多一幢大樓，就多出很多與眾不同的事物。」

高爾公司近年來蓬勃發展，必須不斷分出新單位。其他公司可能在原廠房加蓋新廠區、擴大生產線，或將工廠改為兩班制，但高爾公司的作法是，把組織切割成更小的單位。我到高爾公司採訪時，他們才剛把防水纖維部門分成兩個單位，維持每個單位人數不超過一百五十人的上限。以流行為導向的消費者業務獨立成一個部門，涵蓋靴子、背包及旅行用品；生產消防隊員及軍人制服的大宗業務，則留在原單位。

高爾公司自由放任的特殊管理風格，自然會產生這種組織架構。成員彼此太過熟稔，他們對你的看法絕對會影響你，鄧巴提到小團體內部的關係網，其實就是一種同儕壓力。他說，連隊是軍事組織的基本單位，在一個不到一百五十人的團體中，「才能根據個人忠誠及面對面的接觸，執行命令及控制不當行為。」葛洛斯對所屬的哈特派農莊也是這種說法。哈特派農莊的規模如果變得太大，成員之間的關係凝聚就不如以往，結果整個團體產生裂縫。

高爾公司不必在旗下的小工廠設立正式的管理架構，也不需要中、高階管理階層，因為在團體內溝通最有效的方式，就是非正式的人際關係。在公司很長一段時間的巴克利（Jim Buckley）告訴我說：「此處的同儕壓力大得難以置信，同事之間會擔心所屬的工廠效率不夠高，無法為公司貢獻更大的利潤，小團體的成員彼此熟稔，就會產生這種壓力。同儕之間的壓力，遠遠超過直屬上司好幾倍。一般人都希望自己不會令同伴失望。」傳統的大型製造工廠可能也有類似的同儕壓力，但只有在部分部門能夠發揮作用。高爾公司旗下工廠的優勢在於，從設計、製造到行銷，各部門都面對同樣的團體壓力。

巴克利說：「我剛去過新澤西州的朗訊科技公司（Lucent Technologies），那家工廠製造部門的人可能認識幾位設計部門的人，但他們不認識業務部門的人，也不認識業務支援部門的人，更不認識研發部門的人。他們不但不認識這些部門的人，也不了解這些部門的工作。而我所謂的同儕壓力是，業務部門和製造部門站在同一陣線，當業務人員希望製造部門能夠特別關照某位客戶的訂單時，他可以直接告訴製造部門他的需要。一種人設法製造出產品，一種人設法把產品賣出去，兩種人可以坐下來直接溝通，這才是同儕壓力。可惜在朗訊看不到這種交頭接耳的情景。朗訊的製造部門也有一百五十人，他們彼此密切合作，設法生產出品質最佳的產品，提出最有創意的想法。其中也有同儕壓力，但是這種壓力出不了製造部門，製造部門和其他部門彼此不熟。這和我在高爾的經驗截然不同。」

巴克利說的是凝聚的好處，企業內每位員工都有共同的關係。我認為，心理學有個概念有助於說明巴克利的說法。維吉尼亞州立大學心理學者威格納（Daniel Wegner）把它叫做「共通記憶」（transactive memory）。我們提及記憶時，談到的不只是腦海中儲存的概念、印象或事實，大部分的人有意不去記大部分應該記住的電話號碼，我們只會記住哪裡可以查到電話號碼，例如電話號碼簿或旋轉檔案架，更或者我們會記住查號台的電話號碼。大部分的人也不知道巴拉圭或其他名不見經傳的國家首都，何必那麼麻煩？買本地圖集，各國的首都應有盡有。最重要的是，我們會和他人共同儲存資訊。

情侶會在不知不覺中協力儲存資訊。幾年前，威格納測試五十九對情侶的記憶，他們約會至少已經三個月，半數情侶可以在一起答題，另外一半則必須分開，和另一位不認識的人搭檔。威格納請各組閱讀六十四段句子，每段句子會有一個字劃線。看過所有句子五分鐘後，各組開始盡量寫出記住的句子。情侶組的成績明顯比非情侶組好。威格納認為，兩個人如果彼此熟稔，會在無形中產生一種合力記憶的機制，也就是共通記憶機制，彼此知道誰最適合記憶哪些資訊。他寫道，「兩個人培養關係，也是一種彼此開誠布公的過程，彼此傾吐、相互接納，這麼說可能比較浪漫，其實這個過程正是共通記憶的前身。」

親密關係的一部分就是共通記憶。事實上，威格納認為，就是因為喪失這種共通記憶，才讓離婚這麼痛苦。他寫道，「離婚後會覺得沮喪或認知失調的人，可能就是因為喪失共通記憶機制，原本雙方心有靈犀，可以有共同經驗，也可以靠配偶記憶許多資訊，如今都成幻影，喪失共通記憶的人，就像失去自己一部分的感覺一樣。」

家庭中記憶共享的過程更明顯。對於日常細節或以往的家庭生活，大部分人都只記得一小部分。但是我們知道應該向誰搬救兵，例如，請配偶幫忙找出鑰匙放在哪裡，或者請十三歲的子女排除電腦障礙，或者請老媽回想我們自己的童年往事。更重要的是，每當有新資訊出現，我們知道該由誰負責記住這項新資訊，家庭成員知道要如何分工。十三歲的子女是家庭的電腦專家，不僅因為他是家中最擅長電器設備的人，也因為他最常使用電腦，更因為只要有關電腦的資訊，家裡自動會要求他負責記住。能者多勞，而且越能越勞。如果兒子會幫忙安裝電腦軟體，自己何必費神記住這些步驟？

心智能量有限，我們會集中精力做我們做得最好的事情。甚至在現代的雙薪家庭，婦女也是照顧兒童的「專家」，因為子女還是嬰兒的時候，婦女參與教養的程度比較高，家庭比較依賴婦女，由她們負責記住育兒的相關資訊，在不知不覺中形成惡性循環，婦女從此必須肩負大部分教育子女的責任。威格納說：「團體賦予每個人特殊職責時，就必須提升效率，每個領域都是由最少數的能者主導，這項責任不是因地制宜、時有時無，而是一直都存在。」

巴克利說，在高爾公司任職是「全然不同的經驗」，他的意思是，高爾公司擁有一套高效率的企業共通記憶。正如公司一位員工形容，小工廠內彼此「熟稔」，不只是你認識某人，你還了解他們的技術程度、能力及熱情；也就是了解他們的喜好、從事的工作、希望從事哪種工作，以及擅長哪種工作。因此建立共通記憶，必須先有一些配套的心理條件：了解某人到一定程度後，才知道他們的專業在哪裡，才能信任他們具有一定程度的專業。這等於在組織內重建家庭中的親密及信任關係。

當然，如果你的公司只是生產紙巾或螺絲、螺帽，你可能覺得無所謂，因為不是每家公司都需要員工之間緊密相連。不過，像高爾這樣的高科技公司，必須保持創新的能力；面對標準嚴苛且形形色色的客戶，也要有迅速因應的能力，此時就需要建立全球一貫的記憶體系。如此，公司內部比較容易攜手合作，更迅速完成工作、組成團隊、找出解決之道。公司某一部門的員工，可以借用另一個不相干部門同仁的想法及經驗。朗訊公司製造部門內的一百五十名員工，可能擁有本身的記憶網絡。但是在高爾公司，工廠每位員工都是整個互動機制的一部分，研發部門能夠連上設計部門，設計部門可以和製造部門互動，製造部門又能和銷售部門搭上線，整個公司的效力一定大為提升。

蔡斯說：「當我們和別人提到公司運作的情形時，他們會說：『老天爺，你們的制度似乎一塌糊塗。沒有明確的指揮系統，怎麼辦事？』不過，我們公司的體制不是一塌糊塗，也不是問題，除非你身在其中，否則很難體會它的好處。這套制度的好處就是了解別人的優點，知道自己該向誰請益，如果你了解別人，一切都不是問題。」

簡單來說，高爾公司開創一套條理分明的機制，新觀念及新資訊比較容易在組織內部流通，瞬間就從團體的某個人或某個部門傳遞到整個團體。遵守一百五十原則就有這種好處，可以善加利用記憶和同儕壓力之間的關係。如果高爾公司想以一對一的方式接觸每位員工，效果恐怕不理想；就像讀者如果不是六、七成群，而是個別前往魏爾詩讀友會，她就很難引發風潮。如果高爾公司所有員工都集中在一間大房間內工作，恐怕也沒有效果。為了讓所有員工都能了解公司特殊的企業文化，高爾公司必須壯士斷腕，打散成許多半自主的小單位。**這是流行風潮矛盾之處：要引發一場大流行，必須先引發許多小型風潮。**

魏爾詩說，「雅雅」風潮逐漸成形擴散後，她慢慢發現，這股風潮其實和她本人或這本書無關：這不是鎖定單一事件的一股風潮，而是數千種不同的風潮，目標則是圍繞在「雅雅」的各種團體。她說：「我後來才了解，這些婦女已經建立自己的雅雅關係，與其說是針對這本書，不如說是針對彼此。」

本章參考資訊

*心理學者米勒的著名論文〈神奇數字七〉，收錄在：psychclassics.yorku.ca/Miller。
*雅雅姊妹會的網站：www.ya-ya.com。
*研究「共通記憶」的心理學者威格納：www.wjh.harvard.edu/~wegner。
*英國人類學者鄧巴所屬的研究團隊：www.liv.ac.uk/evolpsyc。

Chapter 6

個案研究（上）

——球鞋、謠言、轉譯的力量

Case Study (Part One)

天行公司為什麼能夠異軍突起？

Hush Puppies 如何從一個團體跨越到另一個團體？

一些酷哥酷妹的奇言異行，

又如何成為世界的主流？

滑板運動有一個動作，名稱是「空中走步」（airwalking），玩家向上跳起，讓滑板滑出腳下，然後在空中跨出一、兩步，再站回滑板上。這是高難度動作，也是傳統滑板的主流動作。因此，兩位創業家在一九八〇年代中期鎖定滑板玩家，生產專用運動鞋時，就把公司名稱定為「天行」（Airwalk）。天行公司位於聖地牙哥郊外，當地青少年流行在海灘滑板，是公司主攻的市場。起初，公司生產一種色彩誇張的印花帆布鞋，成為另類流行。天行公司的另外一種產品是內裡襯毛的溜冰鞋，厚底加上厚鞋板，乍看之下，幾乎和滑板一樣堅硬。玩家立刻迷上這種產品，他們會一而再、再而三地洗刷鞋子，甚至用汽車輾過，讓鞋子變得更合腳。天行公司也走在時代尖端：贊助專業滑板高手，以滑板運動為中心，發展出新的流行文化，幾年內就輕鬆建立起每年一千三百萬美元的市場。

這種規模的公司可以永續經營，只要穩紮穩打，守住人數不多、但忠心耿耿的消費者。但是天行的老闆們野心更大，他們想要成為國際品牌，因此在九〇年代初期開始改弦易轍，重組旗下業務，甚至重新設計產品、擴大市場目標。不僅生產滑板，也遍及衝浪、滑雪、越野車、自行車等運動器材，並贊助這些運動項目的選手，「天行」幾乎等於另類生活方式的同義詞。

公司更積極投入草根型的宣傳活動，前進以年輕人為主的鞋店。他們說服「鞋櫃」（Foot Locker）試賣天行的鞋子；設法讓一個另類的搖滾樂團穿著他們的鞋子登台作秀；最重要的是，他們決定聘請藍貝斯（Lambesis）這家小型廣告公司，重新擬定行銷策略。在藍貝斯的指點下，天行的業績突飛猛進。一九九三年，公司年營收一千六百萬美元，一九九四年增加為四千四百萬美元。一九九五年躍增為一億五千萬美元，翌年再創下一億七千五百萬美元的佳績。某大行銷研究公司當時宣稱，天行是全球青少年心目中，第十三大「最酷」品牌；僅次於耐吉及愛迪達，是全球第三大鞋類品牌。天行只花了一、兩年的時間，就從南加州的海灘破繭而出。九〇年代中期，天行終於異軍突起。

本書迄今一直在為流行風潮找出定義，並且說明流行趨勢如何能一傳十、十傳百的原因。李佛、《芝麻街》、紐約犯罪率、高爾公司等案例，分別說明「引爆點」的其中一項原則。但是在日常生活中，我們面對的問題及狀況，恐怕無法直截了當地呈現出流行風潮的原則。本書這個部分就是要討論這些不太明確的問題，能否以市場專家、連結者、定著因素及環境力量等因素解釋這些問題。

天行公司為什麼能夠異軍突起？簡單的答案是藍貝斯神來一筆的廣告。藍貝斯的創意總監法摩（Chad Farmer）推出一系列單張照片的廣告，主題相當前衛大膽，以奇特的方式展現穿鞋者和天行鞋子的關係。其中之一，有位年輕人把天行球鞋戴在頭上，鞋帶就像髮辮一樣垂下來，旁邊的理髮師正在為他修剪鞋帶。另外一張廣告中，一位全身皮件的女郎拿著一隻亮晃晃的塑膠天行鞋子，對著它擦口紅。這些廣告除了登在看板外，也貼在工地的外牆上及另類雜誌上。

天行銷售迭創佳績後，藍貝斯開始進軍電視廣告。天行早期曾有一支電視廣告，鏡頭先照到臥室內滿地的衣服。然後停在床下，背景傳來奇怪的聲音和彈簧上上下下的聲音。最後鏡頭從床下出來，觀眾才看到一個有點頭暈眼花的年輕人，拿著天行鞋子，在床上跳來跳去，想打死天花板上的蜘蛛。這支廣告完全以視覺取勝，對象是全世界的年輕人。這些廣告的內容豐富，立刻能夠抓住觀眾的目光。廣告主角都是粗里粗氣、有點笨的平凡人，但是他們以一種複雜的方式顯示自己很爆笑。藍貝斯的廣告很棒，從第一支天行廣告公開後，其他也想「耍酷」的公司紛紛跟進，模仿這種廣告的內容及感覺。不過，藍貝斯廣告的魔力不僅在它的內容。天行能夠異軍突起，關鍵在於這些廣告完全遵照流行風潮的原則。

轉譯高手

解讀藍貝斯動作的最好方式，就是回溯社會學者所謂的「擴散模型」（diffusion model）。新觀念、新產品或新動作如何一傳十、十傳百，學術界自有一套繁複的研究方法。

其中萊安（Bruce Ryan）及柯羅斯（Neal Cross）在一九三〇年代的研究最有名，他們分析愛荷華州葛林郡農民試用玉米種籽的普及模式。這種新種籽於一九二八年引進愛荷華州，在各方面都比數十年來農民使用的其他種籽更優異，但是當地農民並沒有馬上使用這種新種籽。在萊安及柯羅斯研究的兩百五十九名農民中，只有極少數從一九三二年及三三年開始種植這種新種籽。三四年，十六位農民跟進。三五年又有二十一位農民加入，翌年是三十六位，然後是六十一位，接下來幾年分別是四十六位、三十六位、十四位及三位，到了一九四一年，只剩下兩位農民還沒有試用這種新種籽。

擴散研究把極少數在三〇年代初期就使用新種籽的農民稱為「創新者」，他們深具冒險精神。受到他們影響的農民則稱為「早期採用者」，這些人是社區的意見領袖，受人尊敬，思慮周詳；他們觀察及研究「創新者」的大膽舉動，然後跟進。一九三六、三七及三八連續三年，大批農民加入，這些「早期大多數」和「晚期大多數」小心謹慎，必須在最受尊敬的農民試用後，他們才敢跟進。他們感染這種「病毒」後，傳染給「後知後覺型」農民，他們屬於最傳統的族群，不急於改變現狀。如果把上述情形繪製成圖，就是一條完美的流行曲線，起初進展非常緩慢，「早期採用者」加入後開始突飛猛進，然後大多數農民跟進後，曲線大幅上彎，最後在「後知後覺型」加入時，曲線開始往下彎。

新種籽具有高度傳染性，也能讓使用者強力定著。從春耕到秋收，農民可以親眼看到新種籽遠比舊種籽優異。如果新種籽無法異軍突起，反倒令人奇怪。但是許多情形下，傳播新觀念的過程確實頗為離奇。

企業顧問莫爾（Geoffrey Moore）利用不同的高科技為例，說明發動風潮、引導觀念的人，和接納這些新事物的「大多數」迥然不同。在口耳相傳的過程中，這兩種人也許是上下手的關係，但是彼此溝通的情形並不理想。「創新者」和「早期採用者」都是具有遠見的人，他們希望引發一場革命性的變化，在品質水準上遙遙領先競爭對手。全新科技剛剛推出，技術還沒有成熟、經過認可，或者價錢還高高在上時，這種人就會迫不及待買進。他們的公司規模比較小，才剛剛起步，願意承擔龐大的風險。反之，「早期大多數」都屬於大型企業，因為他們必須注意，供應商及經銷商能否配合公司的任何改變。

莫爾寫道，「具有遠見的人設定的目標如果是向前邁進一大步，務實者的目標就是增加幾個百分點就好，以漸進、可預測的方式改善現狀。如果引進新產品，他們會很想知道其他人如何看待它。在他們的字典裡，風險是個負面名詞，它不等於機會或刺激，而是浪費時間和金錢。必要時，他們願意承擔風險，但是他們會先確保後有退路，並且非常審慎地管理這些風險。」

莫爾指出，「早期採用者」的態度和「早期大多數」的態度格格不入。創新者不可能不費吹灰之力，就把新事物從一個團體傳遞到另一個團體，因為兩個團體之間存有一道鴻溝。各式各樣的高科技產品最後都胎死腹中，只能打動早期採用者，因為製造公司無法把打動早期採用者的觀念，成功地套用在早期大多數的身上。

莫爾的書完全以高科技為重，但是其他社會流行趨勢也適用他的理論。如 Hush Puppies 原本代表過時、庸俗及五〇年代的形象，但是曼哈頓的青少年能夠舊鞋新穿，重新發現這個品牌的原因，正是因為沒有人穿它。他們心目中的流行，就是一種顛覆現狀的主張，為了與眾不同，他們願意冒險。但是「早期大多數」和「晚期大多數」這個族群中，大部分的人都不主張顛覆現狀，或不願意冒險。在這種情形下，Hush Puppies 如何能夠從一個團體跨越到另一個團體？而藍貝斯的任務是把以南加州滑板文化為主要訴求的鞋子，推向全世界的青少年。這種鞋子為了抓住滑板，外底很寬；為了吸收做特技動作時的衝力，鞋板特別加厚，但這些青少年也許從來沒有看過滑板，也許不覺得滑板運動很酷，又或許他們根本不需要這種鞋子。因此藍貝斯的任務不容易，他們怎麼辦到的？一些酷哥酷妹的奇言異行，又如何成為世界的主流？

我認為，這就是連結者、市場專家及推銷員發揮功效的地方。在少數原則那一章，我曾經探討，這些人的特殊長才如何引爆風潮，此處可以進一步說明。憑藉這些人，創新事物才可能克服鴻溝的問題。他們是轉譯者：把高度專業的觀念及資訊，轉譯成普通人聽得懂的語言。我介紹市場專家時，曾經提及德州大學教授艾伯特，他會自告奮勇到你家，幫你安裝、修復或操作很複雜的電腦軟體。又如葛爾這種推銷員，結合非常複雜難解的稅法及退休計畫，重新包裝後，能夠引起客戶極大的共鳴。連結者魏絲伯格具有多種身分，她在政界、戲劇界、環保界、音樂界、律師界、醫藥界都曾經服務過，後來她在不同的社交圈內穿針引線。

藍貝斯的靈魂人物之一是市場研究部門主管葛敦（DeeDee Gordon），她說，流行時裝的擴散過程，會定期在青少年文化中如法炮製一番。創新者先顛覆傳統，然後市場專家、連結者或者推銷員看到後加以模仿。「這些青少年略動手腳後，使得創新事物更容易被主流社會接納。他們看到有些青少年真正超酷炫的裝扮後，起而效法，但是略加改變，變得更實用。例如學校的信差把牛仔褲捲起來，在褲管紮上帶子。轉譯者喜歡這種打扮，但是不想使用帶子，改以魔鬼氈代替，做些變化。另外又有位女孩在玩具反斗城買到芭比娃娃的T恤，她開始穿著縮水的T恤。其他人認為這種打扮很酷，但是不想穿著太縮水的T恤，也不見得都喜歡上面有芭比娃娃的圖案。於是她們設法調整成自己喜歡的樣子，然後就蔚為風潮。」

謠言可能是最容易一傳十、十傳百的社會訊息，因此，分析「轉譯」過程最複雜的研究，可能是謠言研究。社會學者艾爾伯特（Gordon Allport）在他的著作《謠言心理學》（*The*

Psychology of Rumor）中提到，一位華裔教師在一九四五年夏季到緬因州度假時引發的一則謠言。當時是二次大戰的尾聲，日本即將向盟軍投降。這位教師帶著一本旅遊指南，書上說，只要爬上當地的一個小山丘，便能飽覽附近鄉村的景色。於是他到一個小鎮問路，但從他開口之後，很快就傳出一則謠言：一名日本間諜爬上小山丘，拍攝整個地區的照片。

艾爾伯特寫道，「原本簡單、未經修飾的事實，成為這則謠言的『重心』，而且從三個角度遭到扭曲。」第一是**簡化**，部分事實略而不提，原本有些細節可供外界了解這整個事件的真正意義，卻在有意無意之間受到忽略。艾爾伯特指出，當時沒有人提及「這位外地人向當地人問路時彬彬有禮、謹慎小心的態度；還沒有查出他的國籍這個事實，以及他同意當地人檢查他身分的這個事實。」其次是**強化**，部分事實經加油添醋、特別強調。一名男子變成間諜、貌似亞洲人就成了日本人、觀光變成刺探敵情、教師手中的旅遊指南變成了照相機。最後則是**同化**。這則謠言的內容經過修改，使得散播這則謠言的人也能認同。

艾爾伯特寫道，「大部分農民本來就不太能想像一位正在度假的華裔教師，因為他們不知道，有些美國大學會聘請華裔學者，而這些學者和其他教師一樣也有權利過暑假。對當地農民來說，他們必須依照現成的參考架構，來解釋這種前所未見的狀況。」當時有什麼參考架構呢？在一九四五年的緬因州鄉下，幾乎每個家庭都有兒子或親戚正在當兵，在這種狀況下唯一的合理解釋就是套用戰爭的背景。因此，亞洲人變成日本人，旅遊指南變成照相機，觀光活動變成刺探敵情。

心理學者發現，散播謠言的過程中，幾乎一定會扭曲事實。以往心理學者曾經做過一個記憶實驗，請實驗對象閱讀一則故事或觀看一幅圖畫，幾個月後再請他們說明當初看到的事物。結果，原始內容被嚴重簡化，他們幾乎忘記所有細節，同時，部分細節遭到強化。其中一個典型的例子，實驗對象原本看到一個被三條線切割的六角形，六角形上方有七個一樣大小的圓形。一名實驗對象幾個月後接受測試說，他當初看到的是一個被兩條線切割的方形，周圍共有三十八個小圓形。

艾爾伯特寫道，「實驗對象會從本身生活熟悉的角度，來記憶圖像或故事，不但和所屬文化相容，對他的情緒也具有特殊意義。實驗對象在追求意義的過程中，會設法壓縮或以他物填補，才能得到一種他們認為較好的整體概念，比較好的結局，或簡單、重要的方向。」

這就是轉譯後所呈現的意義。市場專家、連結者及推銷員為了傳遞某個觀念，必須先修改這個觀念，放棄無關宏旨的枝節，強化其他部分，如此才能釋出更深層的意義。任何人要發動一場流行風潮，他必須以特殊方法僱用連結者、市場專家及推銷員：這種方法就是透過人或物轉譯「創新者」的訊息，讓其他人也能了解。

超級交易員

前文曾經提到巴爾的摩市的毒品及性病問題，其中就有絕佳的例子。和其他毒癮患者很多的社區一樣，巴爾的摩市每週固定時間會派出小貨車，穿梭在特定的街頭巷尾，車上放有數千支乾淨的針頭，免費提供毒癮患者拿用過的骯髒針頭以舊換新。原則上，更換針頭似乎是防制愛滋病的善策，因為重複使用感染HIV病毒的針頭，是這種病毒傳染的重要管道。不過，這種方法有其限制。首先，毒癮患者毫無組織，如何確保他們定期定點，等候針頭貨車出現？第二，大部分海洛英毒癮患者每天約使用一支針頭，至少注射五、六次，直到針頭變鈍，無法繼續使用。換句話說，全市需要很多針頭替換。一輛每週只來一次的貨車，如何滿足二十四小時都有人注射毒品的需求？如果貨車每週二出現，但毒癮患者週六晚上就用完針頭時，怎麼辦？

為了分析替換針頭計畫的效果，約翰霍普金斯大學的研究人員從九〇年代中期開始配合貨車出勤，訪談前來換針頭的人，結果令他們大感意外。他們原本以為，毒癮患者會把自己使用過的針頭帶來更換，就像你、我購買牛奶一樣：找一家營業中的商店，拿走足夠一星期使用量的牛奶。但事實是，幾位毒癮患者每週來，一次帶著一個大背包，裡頭裝著三、四百支用過的針頭，絕對超過他們自己的用量。這些人再以每支一美元的代價，把乾淨針頭賣給其他毒癮患者。換句話說，小貨車如果是批發商，真正的零售商就是這幾位毒癮患者，這些超級交易員在大街小巷蒐集使用過的針頭，靠著交換來的乾淨針頭，日子也可以過得很不錯。

起初，這項計畫的負責人內心舉棋不定，是否該由納稅人出錢，補貼毒癮患者的習慣呢？然後他們發現，這些人誤打誤撞，居然解決了針頭替換計畫的限制。在約翰霍普金斯大學公共衛生學院任教的瓦倫特（Tom Valente）說：「這樣的制度好多了，許多人會在週五及週六晚上注射毒品，他們的思考方式不見得理性到認為要取得乾淨針頭後才能注射毒品。而且他們犯癮的時候，針頭貨車不一定在附近，因此超級交易員正好彌補這個空檔。他們不但提供每週七天、每天二十四小時的服務，而且不需要花費政府一毛錢。」

流行病學者強奇（Tom Junge）也隨針頭貨車出勤，他設法採訪這些超級交易員。強奇說：「他們對巴爾的摩市瞭若指掌，知道哪裡可以取得哪種毒品及針頭，大街小巷就像他們家裡的後院。他們認識很多人，社會關係異常活躍……來此替換針頭當然是想賺錢，但絕對也有幫助別人的念頭。」

超級交易員就是巴爾的摩市毒品圈的連結者。約翰霍普金斯大學研究人員的目的，是利用超級交易員引爆一場反毒品的流行風潮。如果他們委託這熟門熟路、社會關係異常活躍、助人為善的人，請他們發放保險套；或者教導他們毒癮患者迫切需要知道的醫學常識，想想看它的後果？這些超級交易員似乎能夠彌補醫學界和大部分毒癮患者之間的鴻溝，後者孤單無援，被隔絕在可以救他們一命的醫學常識及醫療機構之外。這些超級交易員似乎具備轉譯的能力，能夠把醫學常識及觀念，轉換成毒癮患者聽得懂的語言。

引領風騷

藍貝斯的宗旨其實也就是提供天行公司上述服務。藍貝斯是一家有意進軍國際廣告市場的小型廣告公司，雖然無法直接找到市場專家、連結者及推銷員，來散播天行公司的訊息。但他們的目的是掀起一場風潮，利用廣告扮演轉譯的角色，為創新者及其他人搭起橋樑。只要他們善盡本分，就可以把年輕人那套想法的精髓部分，透過簡化、強化及同化的手法，成為多數人能夠接納的觀念。他們自己就能扮演連結者、市場專家及推銷員的角色。

藍貝斯要轉譯創新者的觀念給主流市場，就得先了解創新者的觀念是什麼。因此他們首先在內部成立市場研究小組，鎖定天行公司希望爭取的年輕人市場。藍貝斯特別聘請葛敦擔任研究部門主管，她曾經在匡威（Converse）運動鞋公司工作。葛敦是一位令人難忘的女性，慢條斯理卻見智慧，她住在好萊塢山莊一幢方正、外塗白色灰泥的現代主義豪宅內，恰好位於瑪丹娜舊家和赫胥黎舊家的中間。她的愛好五花八門，難以歸類，得視當天是星期幾而定。她可能迷上一個沒沒無名的樂團，一部彼得．謝勒（Peter Sellers）的老電影，或者日本新發明的電子產品、白色的遮簾，只因為她突然認定這些東西很酷。

她還在匡威公司的時候，曾經注意到洛杉磯的少女會穿著像墨西哥的幫派分子：白色緊身上衣，露出胸罩肩帶，下身著及膝短褲、中筒襪和涼鞋。葛敦回憶，「我告訴他們，這種打扮會流行，因為太多人穿了，所以我們也得開始生產涼鞋。」他們裁掉運動鞋的後半部，裝上涼鞋的外底，結果賣掉五十萬雙。葛敦有一種第六感，她知道在倫敦、東京或柏林要到哪個地區、酒館或俱樂部，才能找到最新的打扮和時裝。她有時候會到紐約，坐在蘇活區或東村，盯著人行道一看就是幾個小時，看到不尋常的事物，抓起照相機就拍。葛敦是市場專家，若你要問酷是什麼？別人摸不著、猜不透，問她就對了。

葛敦在藍貝斯發展出一套特別的人才網，她在紐約、洛杉磯、芝加哥、達拉斯、西雅圖及全球各地的大都市都有線民，這些年輕人能夠精準掌握流行趨勢。假設時空條件允許，他們會是九〇年代初期在東村穿著 Hush Puppies 的那種人，因為他們都符合特殊的人格特質：「創新者」。

葛敦說：「他們或多或少都是無家可歸的人，是否真是如此無所謂，這只是他們自己的感覺，他們一直認為自己與眾不同。如果你問孩子們，他們最擔心什麼事情，那些帶動風潮的孩子會說細菌戰，或者恐怖主義，他們的格局很大。帶動風潮的孩子比較主動積極，比較具有熱情。主流文化的孩子只會擔心自己體重過重、祖父母病危，或者他們在學校的成績。我要找的是獨立自主的個體，他絕對能夠跳出眾生之外，外形裝扮也和同儕不一樣。」

葛敦對這個世界帶著無止盡的好奇心，她說：「我遇過一些販夫走卒居然能夠帶動風潮，這些打扮不起眼的人在俱樂部聽一些特殊的樂團演奏，我心裡想，老天爺，這個傢伙在這兒幹什麼？我真的很好奇，只好走到他身邊說：『嗨，你看來真的很喜歡這個樂團，為什麼？』你懂我意思嗎？我會觀察每一件周遭的事，如果我看到咖啡廳裡一個尋常人，他身邊的人頭髮都是藍色的，我一定會被吸引過去，因為我好奇這種人和一群藍色頭髮的人在咖啡廳裡攪和些什麼。」

葛敦每年會和這些創新者聚會兩到四次，了解他們正在聽什麼音樂、看什麼電視節目、穿什麼衣服、未來的目標及理想是什麼？她取得的資訊未必一致，必須進一步解讀。在同一個國家內，不同的地區會產生相異的觀念，有時候觀念由西向東蔓延，有時候由東向西傳染。她必須從大處著眼，對照不同地區的資料，例如，奧斯丁和西雅圖、西雅圖和洛杉磯、洛杉磯和紐約，再看它下個月是否有所改變。葛敦透過這種方法，可以掌握全國各地新趨勢的興起及散播。然後以這些創新者目前的言行為基準，比較一般孩子三個月、六個月或一年後的流行，葛敦就能掌握哪些觀念可以從酷哥酷妹的次級文化，躍居為「大多數」的主流文化。

「以男性化妝品這種性別不分的事情為例，」葛敦說，「你知道柯本（Kurt Cobain）怎麼用奇異筆塗指甲嗎？我們曾經在西北部看過一次，然後傳播到洛杉磯、紐約、奧斯丁，因為他們在那裡舉辦演唱會。然後這股風潮蔓延到美國其他地區，經過很長一段時間才成為主流文化。」

葛敦的發現成為天行公司的廣告主軸。一旦她發現全美各地的創新者對某個新趨勢、新觀念或新概念著迷，就會在天行的廣告中加入這種概念。例如，葛敦發覺，這些帶動風潮的人突然對西藏及達賴喇嘛有興趣，因為饒舌樂團「野獸男孩」（Beastie Boys）公開捐款給「自由西藏」運動，也在演唱會上請喇嘛上台見證。葛敦回憶，「『野獸男孩』不按牌理出牌，結果安全過關。」藍貝斯因此製作一支非常有意思的廣告：一名穿著天行鞋子的年輕喇嘛，坐在教室的桌子前考試。他作答時看著自己的腳，因為他把小抄寫在鞋子上。但這支廣告出現在舊金山的看板後，由於西藏喇嘛抗議而被迫拿下來，因為喇嘛不會觸摸自己的腳，更不會在考試的時候作弊。

後來〇〇七詹姆士・龐德成為新風潮，藍貝斯就聘請〇〇七系列電影的導演拍攝一系列電視廣告，主題都是穿著一身天行的主角，如何有驚無險地逃脫蒙面歹徒的追殺。接下來引起風潮的是鄉村俱樂部的文化，大家穿起老式的高爾夫球衫，天行就以網球材料生產了一雙鞋子，接著藍貝斯製作一支平面廣告：這雙鞋被丟到半空中，再用網球拍擊打。

葛敦說：「有一次我們注意到，未來科技將是無限寬廣，隨便問個孩子，如果他不受任何限制的話，最想發明什麼東西，答案千篇一律都是無憂無慮過日子。就是那種把腦袋放進一個大氣泡，按一個鍵，然後一切事物都變得很完美了。因此，天行公司著手生產這種鞋子，圓形的外底像氣泡一樣，再結合不同的材料，如網絲、透氣材料、特別防水纖維，一層一層結合在一起。」如果你瀏覽一下那段期間天行公司所有的廣告，就彷彿經歷那個時代年輕人在流行什麼、迷戀什麼：其中包括一支三十秒的功夫電影、「垮掉派」新詩（Beat poetry）、甚至《X檔案》風格的電視廣告——一名年輕人開車進入新墨西哥州的羅斯威爾，竟然被外星人搶走他的天行球鞋。

天行公司的廣告策略大獲全勝，原因有兩個。第一，藍貝斯公司在各種新趨勢方興未艾之際，已經未雨綢繆，等到廣告攻勢和配套的鞋子問世之後，這股風潮已經攻占主流市場。換句話說，藍貝斯公司一直在利用社會風潮行銷產品；社會一有新的流行事物，天行就能推出相關的產品。

葛敦說：「關鍵都在於掌握時機，誰引發風潮，就跟著他的腳步。你觀察他的動作，然後花一年的時間開發及生產符合最新潮流的鞋子，等到鞋子上市，這股風潮正好席捲主流文化。如果你看到未來某種科技是一種趨勢，很多城市的創新者紛紛購買設計非常前衛的事物，或者超炫的鞋子、掌上型電腦；或者他們異口同聲，都想發明未來的飛行汽車；你就可以確信，再過半個月或一年，不分男女老幼都想擁有這些東西。」

不過，整個過程中，藍貝斯公司也沒有閒著。他們的廣告有助於讓創新者的觀念發揚光大。葛敦指出，有些事物雖然能夠帶動風潮，但無法躍居為主流文化，通常是因為這個觀念的根基不夠扎實，「流行趨勢要成為主流，必須是條條大路通羅馬，創新者周遭每個層面都可以看到它，從他們喜歡的電視節目、有意發明的新產品、願意傾聽的聲音、甚至他們希望穿著的衣服，無所不在。至於無法成為主流的趨勢，就只能在上述單一的領域看到它。給社會大眾的提示不夠，大眾就無法從音樂、電影、藝術、時裝等日常生活管道接觸它。」藍貝斯抓住特定觀念後，就在各種領域移植，同時也為一般大眾「轉譯」成他們能了解的內容。

葛敦的研究顯示，創新者當時很迷達賴喇嘛，以及和西藏相關的嚴肅議題。因此藍貝斯才利用西藏喇嘛做為廣告主角，以一種有趣、也有點放肆的方式來表現，這算是一種扭曲。又如創新者突然愛上鄉村俱樂部文化，藍貝斯簡化這種訊息，把鞋子變成網球，少了點高高在上的味道，多了點好玩的成分。當創新者都看功夫電影，藍貝斯就製作一支功夫廣告：天行英雄以滑板和邪派武林高手一較高下。藍貝斯抓住功夫這個點子，再結合年輕人的文化。艾爾伯特認為，在華裔教師到郊外度假的案例中，當地人想不到會出現這種狀況，因此想出別種合理的解釋：這名教師一定是間諜。

而為了讓解釋更合理，艾爾伯特說：「說不通的細節自然就被簡化；為了配合題目作文章，更強化部分細節；在當地居民已經先入為主的印象中，整件事情更容易被同化。」藍貝斯的工作就這三部曲，他們從創新者接獲文化指示（主流社會雖然也看到這些指示，卻有看沒有懂）；然後經過簡化、強化及同化的步驟，凝聚力更強。他們賦予這些文化指示嶄新的意義，把所有的新感覺包裝在一雙鞋子上。天行這則「謠言」在一九九五年及九六年能夠迅速散播，的確不令人意外。

主流的侵蝕

可惜，天行的風潮後繼無力。一九九七年，公司業績開始滑落，也面臨生產問題，很難準時交貨。在重點地區，天行公司甚至無法滿足返校旺季的市場需求，原本忠心耿耿的經銷商也開始調頭他顧。同時，公司似乎江郎才盡，再也不能搶先抓住未來的流行趨勢。法摩說：「天行公司創辦初期，產品的目標清楚而且有創意，鞋子本身就非常有前瞻性。在行銷方面，我們一直鎖定帶動風潮的創新者。但是產品逐漸江河日下，公司也越來越重視業務人員的意見，產品外貌和主流產品越來越雷同。之後我們調查了中心消費團體，他們都很懷念過去的鞋子。最常被提及的問題是，以前那個酷斃的產品怎麼了？」

藍貝斯的廣告策略把創新者的鞋子轉譯給大多數，但是天行的產品突然不是創新者的鞋子。天行前任總裁史密斯（Lee Smith）說：「我們又犯了一個致命的錯誤就是，我們原本訂有區隔策略，全美三百家體育精品店是公司創辦之初的衣食父母，我們為這些商店特別開闢一條生產線。但他們不希望我們打進量販店等大賣場，因此我們把產品分類。我們告訴精品店，他們不必和大賣場競爭，這招原本很管用。」精品店進的貨屬於技術層次較高的產品：設計不同、材質較佳、襯裡較厚、吸震系統不同、橡膠比例不同、鞋幫也比較貴。「我們特別設計一款簽名鞋——東尼・霍克（Tony Hawk），鞋子比較大，也比較耐用。零售價約為八十美元。」而配給「肯尼」、「冠軍」及「鞋櫃」等量販店的鞋子，各方面都比較簡單，零售價只有六十美元。

就在天行登峰造極的時候，卻修改原本的策略，不再提供精品店特殊產品。法摩說：「創新者從這個時候開始鄙視這個品牌，他們在精品店發現的超酷產品，別人居然也可以在量販店買到。」一夕之間，藍貝斯只能把主流產品的語言轉譯給主流社會了解，流行趨勢自然煙消雲散。

史密斯說：「產品經理有一次問我，這到底是怎麼回事？我告訴他，你看過《阿甘正傳》這部電影嗎？做傻瓜做的事就是傻瓜，同樣地，做酷哥做的事也是酷哥。天行這個品牌對消費者來講真夠酷，但我們的作法一點也不酷。我曾經親自答應部分精品店，會提供他們特殊產品，然而我們卻說變就變。在這個圈子，口碑最重要，公司規模擴大後，應該更注意小節、愛惜羽毛，要是有人說：『天行未能忠於原味，反而向主流社會靠攏，好遜喔！』你還可以說，我們沒有。我們曾經擁有這顆像寶石一樣的品牌，現在卻一點一滴受到主流市場侵蝕。而一旦完全融入主流社會，」他停了一下繼續說，「你猜怎的？客戶買了一雙我們的鞋子後，為什麼還需要再買第二雙？」

本章參考資訊

＊萊安及柯羅斯的「擴散模型」實驗，收錄在《創新事物的擴散》（*Diffusion of Innovations*, 1995）書中。

＊莫爾的著作《跨越鴻溝》（*Crossing the Chasm*），說明高科技產品的行銷，必須先跨越「早期採用者」和「早期大多數」之間的鴻溝，才能引爆風潮。

Chapter 7

個案研究（下）

——自殺、抽菸、不會上癮的香菸

Case Study (Part Two)

吸菸的共同語言，
和自殺的共同語言一樣
用字豐富，也一樣能夠傳情達意。
這兩股風潮中，
都有關鍵角色、推銷員、授權者。

不久之前在南太平洋的密克羅尼西亞群島上，住在祖父家的十七歲男孩希瑪（Sima）和父親吵架。這位父親很嚴肅，對子女一向很嚴格。一天早上他叫希瑪起床，去找竹刀，上樹割麵包果。希瑪在村子裡找了幾個小時，找不到竹刀，兩手空空回到家裡，父親非常火大。他揮舞著彎刀告訴兒子：「大家都得挨餓了。滾出去，到別的地方去住。」

希瑪離開祖父的房子，走回自己的村子。路上遇到十四歲的弟弟，向他借了一枝筆。兩個小時後，希瑪還沒有回來，弟弟覺得很奇怪，就出門去找他。他回到舊家，從窗子往裡偷看，發現希瑪僵硬的屍體吊在房間正中央，他已經沒氣了，遺書上寫著：

此時我的生命已經到了終點。今天我很難過，也是我受苦的一天，但對爸爸來說，卻是值得慶祝的一天，因為今天爸爸要我離開。謝謝你這麼不愛我。希瑪上。

幫我向媽媽說再見。媽媽，你的兒子再也不會讓你難過或找你麻煩了。很愛你的希瑪上。

一九六〇年代初期，密克羅尼西亞群島幾乎沒有自殺事件。但是此後卻逐年大幅成長，沒有人知道原因。到了八〇年代末期，密克羅尼西亞群島平均每人自殺率是全球最多的地區。以十五歲到二十四歲的男性為例，美國的自殺率約為十萬分之二十二，密克羅尼西亞群島的比率約為十萬分之一百六十，超過七倍。以這種比率看來，自殺案件幾乎是稀鬆平常的事，為了雞毛蒜皮的小事，就會有人自殺。希瑪自殺，是因為爸爸對著他吼；青少年會為了女朋友和別的男孩在一起而自殺，或者父母不願拿錢給他們買啤酒而自殺；一名十九歲的青年因為父母不幫他買畢業袍而上吊；另一名十七歲的青年因為太吵，被哥哥罵而上吊。

在西方文化看來，一些不尋常、純屬個案而且病態的行為，在密克羅尼西亞群島竟然成為青春期的一種儀式，自有特定的原則及象徵意義。事實上，島上幾乎所有自殺案例都和希瑪的故事大致相同，受害人幾乎是接近二十歲的未婚男性，而且和家人同住，導火線也都是家務事：和女朋友或父母吵架。四分之三的案例中，受害人以往不會自殺，甚至也沒有揚言自殺，在遺書中表達的不是難過的心情，而是一種自尊受創、自怨自艾、受到委曲的反彈情緒。

自殺通常發生在週末晚間，受害人大多是和朋友喝酒後行動。除少數例外，大部分受害人自殺的手法都一樣，彷彿結束自己的生命已經有一套不成文的規則。他會先到一個偏遠的地方或空屋，然後用一條繩子結成環套。不過，和西方的上吊不同，他不會把繩子懸掛在高處，而是綁在低矮的樹枝、窗戶或門把上，然後身體前傾，讓自己的重量繃緊脖子上的環套，切斷輸往大腦的血液，最後不省人事，因腦中缺血而死亡。

人類學家魯賓斯坦（Donald Rubinstein）寫道，這些自殺的儀式已經融入密克羅尼西亞群島的文化。自殺案例大增，自殺的念頭也逐漸影響年輕的男孩，原本不可思議的行為，如今已經變成可以列入考慮的選擇。魯賓斯坦以一連串精采的報告，記錄密克羅尼西亞群島的自殺風潮：

密克羅尼西亞群島特定地區的青少年，似乎普遍存有自殺的念頭，最近在當地編寫、並且在廣播電台播放的歌曲，也充斥這種觀念，甚至在T恤上及高中校園的牆壁上，都可以看到類似的塗鴉。部分自殺未遂的年輕男孩表示，他們早在八或十歲時就看過或聽過自殺事件，他們自殺是出於模仿或實驗的性質。一個十一歲的男孩在家中上吊，被人發現時已經不省人事，舌頭都已經伸出來。他後來解釋，自己想「試試看」上吊的滋味，他說，他不想死，但是知道這種行為等於向死神挑釁。特魯克群島最近也發現五、六歲的小男孩出現模仿自殺的案例。

密克羅尼西亞群島最近幾件自殺案例，顯然就是弄假成真的不幸事件。這些地區的自殺案件頻繁，年輕人越來越把自殺等閒視之，也越來越不覺得這種行為會奪走自己的生命。尤其是比較年輕的男孩，除了把自殺看成一場實驗外，更從中找到娛樂的成分。

這段文字令人不寒而慄。自殺不應該被大眾等閒視之，但是真正令人恐懼的是，這股自殺風潮在別的地方似曾相識。年輕人出於實驗、模仿或叛逆，已經形成一股自我毀滅的風潮，而且一傳十、十傳百。青少年以一種無意識的行為，做為表達自己意見的方式。從某種角度來看，密克羅尼西亞群島青少年的自殺風潮，非常類似西方世界青少年的吸菸風潮。

吸菸潮與自殺潮

青少年吸菸是現代社會最令人不解的現象之一，不但沒有人知道該如何壓制這股風潮，甚至沒有人了解這股風潮的本質。反菸運動的基本假設是，菸草公司誘導青少年吸菸，誇大吸菸的好處，淡化吸菸的害處。為了因應這個問題，我們立法管制香菸廣告，讓菸草公司更不容易說謊。我們提高香菸售價，禁止販售香菸給年輕人，更花大錢在電視、廣播及雜誌上打公益廣告，教育青少年吸菸的危險。不過，種種手段以乎成效不彰。而且我們為什麼認定，打擊吸菸問題的關鍵在於教育大眾認識菸害？哈佛大學經濟學教授威斯古希（W. Kip Viscusi）最近調查一群癮君子的意見：如果從二十一歲開始吸菸，壽命平均會減少幾年？他們的答案是九年。其實真正的答案是六或七年。由此顯示，一般人不是低估菸害問題才吸菸，他們甚至高估菸害問題，但仍照樣吸菸。同時，由成年人告誡年輕人不要吸菸，成效如何也不清楚。家中有青少年的父母都知道，青少年的叛逆心態，父母越是告誡青少年不要吸菸以及菸害問題，青少年越會嘗試。對照過去十年的吸菸趨勢，似乎確實是如此。

目前反菸運動的聲勢及受到注目達到歷年來最高水準，但是所有跡象顯示，年輕人對反菸運動已經開始反彈。從一九九三年到九七年，大學生吸菸的比率從二二・三％提升為二八・五％。從一九九一年到九七年，高中生吸菸的人數成長三二％。事實上，自一九八八年以來，美國青少年吸菸人口暴增七三％，近年來各項公共衛生計畫中，很少計畫的成效比反菸運動差。

我們不是要放棄反菸運動，問題在於，我們以往認定的吸菸原因，一直說不通。因此，密克羅尼西亞群島的自殺風潮更激起我們的興趣，我們可以由此設法了解年輕人吸菸的問題，兩者並非風馬牛不相及。假設吸菸不是遵照市場法則，而是和青少年自殺風潮一樣，遵照一種神祕、複雜的社會規範及儀式呢？如果吸菸和密克羅尼西亞群島自殺風潮一樣，只是另外一種風潮，我們應該如何修正反菸運動的作法？

高度細膩的自殺指令

研究自殺案例的人士提出一項主要觀察：在特定地方及特定條件下，某人結束自己生命的行為會傳染給其他人，自殺一傳十、十傳百。這個領域的先驅是社會學者菲力普斯（David Phillips），他在加州大學聖地牙哥校區任教，曾經進行一連串自殺研究，而且一個比一個更引人入勝、更離經叛道。他先找出一九四〇年代末期到六〇年代末期美國的主要報紙，列出刊登在頭版的自殺新聞。然後對照同一時期美國的自殺統計數字。他想了解兩者之間是否有關係，結果的確同步。自殺的新聞見報後，報紙發行地區的自殺案件立刻增加，如果是全國性的媒體，全國的自殺率也會升高。瑪麗蓮夢露自殺後，全國自殺率一度增加一二%。

菲力普斯再針對交通意外，展開另一波研究，他找出《洛杉磯時報》（*Los Angeles Times*）和《舊金山紀事報》（*San Francisco Chronicle*）頭版自殺新聞，再對照加州的交通事故死亡率。結果發現，兩者同步起伏。知名人士自殺案件發生的第二天，死亡車禍的件數平均增加五・九%；自殺案件發生的第三天，交通意外的死亡人數增加四・一%；三天後，死亡率更上升三一%；到了第五天，死亡人數增加八・一%；經過十天後，死亡事故的比率才恢復正常水準。菲力普斯得出結論，一般人自殺的方式之一是故意撞車，和以其他利用傳統方式結束自己生命的人相比，兩種人都一樣多愁善感，容易受到名人自殺的影響。

菲力普斯研究的這種流行風潮，並非理性行為，甚至不一定是有意識的行為。自殺不是反覆說理後的決定，其中曲折曖昧不明，不足為外人道。他說：「我有時候在路口等紅綠燈時，會盤算該不該闖紅燈，看到別人闖過去後，我也會跟著闖。這是有樣學樣，因為別人不行正道，我也跟進。這算是有意識的行為嗎？我說不上來。也許事後我會反覆思考兩者的差異。但是當時恐怕任何人都不知道，自己的行為出自意識及無意識的部分各占多少？人類的行為是一種非常隱晦複雜的決定，往往不易了解。」

菲力普斯指出，在自殺的案例中，名人自殺也有這種效應：其他人也會魯莽跟進，彷彿得到名人的「授權」，尤其是不成熟或因心理疾病而易受他人左右的人。菲力普斯又說：「自殺新聞是一種自然的廣告，似乎可以解決你的問題：因為這麼多人不開心，他們活得很痛苦，最後終於決定結束生命。解決人生問題有很多種方式，各種方式都會打廣告，爭取其他人的認同。葛理翰在週末的佈道會，這是宗教的反應；一部逃避現實的電影，又是另一種反應。自殺的新聞則是另外一種選擇。」菲力普斯所說的「授權人」，功能相當於第二章的推銷員，例如財務規劃師葛爾透過說服他人的性格，在口耳相傳的流行風潮中成為引爆點。因此在高度曝光的自殺案例中，**當事人的死亡似乎「授權」別人結束自己的生命，儼然成為自殺風潮的引**

爆點。

而授權的精確程度，到了匪夷所思的地步，在汽車死亡事故的研究中，菲力普斯發現一個明顯模式：自殺新聞造成單輛汽車發生意外的次數增加，受害人就是駕駛自己。若自殺和謀殺的新聞同時出現，則造成多輛汽車一起發生事故的件數增加。相對地，長者自殺的消息，造成更多長者發生死亡事故。許多場合都出現這些模式。七〇年代末期英國媒體曾經報導，若干人基於自我奉獻的想法而自殺，翌年又出現八十二件類似的自殺案件。換句話說，先前發生的自殺案件，並不是針對所有心志脆弱的人，一視同仁地「授權」，這是一組高度細膩的指令，鎖定在特定處境會選擇以特定方式結束生命的特定人士身上。另外，英國一群研究人員在六〇年代從事一項實驗，分析一百三十五位因自殺未遂而在醫院住院的病人。他們發現，其中許多人屬於同一個社交圈，他們認為，這不是巧合。反而能夠證明，自殺的本質就是同屬一個次級文化成員之間的密語。作者的結論值得在此全文披露：

許多自殺未遂的病人來自同一個圈子，在這個圈子內，自我傷害是傳遞特定訊息的手段。這種行為在圈內被視為理所當然，而且符合本身的文化模式。陷入特殊處境的個體，尤其是低潮時，如果要向別人表達自己的困境，就不需要另闢新的溝通管道。對「自殺未遂次文化」的個體來說，只要一個已有預設意義的動作就夠了，他只需要做出這個動作，整個過程就會像以口語表達那麼清楚。

密克羅尼西亞群島的情況也很類似，只是更深刻。如果西方世界把自殺看成一種單純原始的語言，在密克羅尼西亞群島卻變成非常能夠傳情達意的溝通方式，不但涵義豐富多變，而且是由最有說服力的「授權者」所表達。密克羅尼西亞群島的艾伯伊島約有六千人，魯賓斯坦特別寫出這個島上奇特的自殺模式。從一九五五年到六五年，整座島沒有發生過任何自殺案例。一九六六年五月，有個十八歲的男孩被控偷竊腳踏車被捕，後來在牢房內上吊自殺，這起案例並沒有造成影響。同年十一月，島上最有錢家族的後代R自殺身亡。他同時和兩名女子交往，和兩人各育有一個一個月大的孩子。他無法決定和誰繼續交往，竟然以身殉情。在他的葬禮上，兩位愛人首度發現還有第三者，當場昏倒。

R死後三天，又發生一起自殺案例，有個二十二歲男子因婚姻觸礁而出此下策，十二年沒有自殺案例的小島，竟然在短短一週內發生兩件案例。島上醫生寫道：「R死後，許多男孩夢到他，說他鼓勵其他男孩自殺。」接下來十二年又發生二十五起自殺案例，而且大多是在幾週內連續三、四件。有位人類學者於一九七五年到當地了解實況，他寫道，「幾位自殺者及自殺未遂的人都曾經表示，最近看到一艘載滿死者的船繞著小島航行，鼓勵其他人也自殺。」R為情自殺的劇情一再重演。

M是高中生，也有兩個女朋友，一位在唸寄宿學校，一位在艾伯伊島，當第一位從學校返家後，齊人非福的狀況再度出現，照艾伯伊島年輕人的次級文化，M應該結束自己生命。於是他留下遺書：「祝福M和C（他的兩位女朋友），能陪你們走上一段真好。」他也只能這麼說了，因為R已經為他立下規矩。在艾伯伊島的自殺風潮中，R扮演「關鍵角色」，他是推銷員，他的經驗「決定」後續自殺者的經驗。他的性格及自殺的背景，是他死後多年，這件案例仍然陰魂不散的原因。

少數原則點燃第一支菸

青少年吸菸是否也是依循這種邏輯？為了找出更多青少年吸菸的理由，我請數百人回答一份問卷，請他們說明最早有關吸菸的經驗。這不是科學實驗，樣本也不能代表全美國，大部分受訪者三十歲左右，住在大都市。然而調查結果相當令人震撼，因為這些人的經歷都十分類似。吸菸似乎會喚起特殊的童年記憶，非常地生動、精確，而且牽動情緒。

有個女生記得自己喜歡打開祖母的皮包，就可以「接觸到雲絲頓廉價香菸的軟香，混合著皮件、口紅及薄荷口香糖的氣味。」另外一位回想起「坐在克萊斯勒轎車的後座，從駕駛的窗戶飄過來硫磺和菸草味，衝進我的鼻腔。」縱使有些人討厭吸菸，認為吸菸是骯髒、危險的習慣。不過，幾乎所有人對吸菸都有一種複雜微妙的感覺。吸菸的語言就像自殺的語言，似乎前後一致。以下兩個反應都是形容自己童年時的記憶：

我母親吸菸，我則深惡痛絕，也痛恨那種氣味。她的手指又長又細，嘴唇豐滿多褶，永遠擦著口紅，吸菸的時候，儀態非常優雅，一點也不在意我將來是否會吸菸。她認為，不吸菸的人是膽小鬼。她說：「吸菸讓你身體臭，吸菸讓你動腦筋。」一副陶醉其中的模樣。

我最好的朋友蘇珊是愛爾蘭裔英國人，她的父母年輕、包容而且開明，和我的父母截然不同。他們用晚餐前會喝雞尾酒。蘇利文先生留鬍子，穿著套頭毛衣。蘇利文太太穿著平底拖鞋到處走，為了搭配她的黑頭髮，她常常一身黑衣服。她眼影塗得很濃，膚色有點太黑，修剪過的手指幾乎老是拿著一根長菸嘴。

這是吸菸的共同語言，和自殺的共同語言一樣用字豐富，也一樣能夠傳情達意。在這股風潮中，也有關鍵角色、推銷員、授權者。回答我的問卷的受訪者，一再以一模一樣的方式形容當初導致他們吸菸的那個人。

在我九、十歲左右，父母找來一個英國女孩瑪姬住在家裡幫忙一個夏天。她大約二十歲，非常性感，穿著比基尼泳裝出現在坎貝爾的游泳池。她會穿著比基尼倒立，在成年男子圈相當出名。據說，她跳進游泳池時，泳裝上半截會脫落，她一跳進池子，卡本特先生也會潛進水裡。瑪姬吸菸，我曾經要求她也讓我吸菸。

我認識第一個會吸菸的孩子是比利。我們在五年級時變成朋友，在我們這個新澤西州的小鎮，男女有別的觀念在這個年紀已經開始成形。比利酷得不得了，他是第一個和女孩子約會，第一個吸菸、抽大麻、喝烈酒、聽和毒品有關的音樂的小孩。我甚至記得我們到他姊姊房間，在一張 Grateful Dead 合唱團的唱片封套上，和他一起把大麻種籽挑出來。他父母早已經離婚，這又是他另外一項第一，他媽媽從此再也沒有回來……那口菸對我來說就是想學壞，想裝大人，也證明自己可以是雙面人。

我記得第一個會吸菸的人是潘，我唸十年級的時候認識她，我們一起搭校車上學，我記得當時她很酷，因為她住在公寓房子，在當地很罕見。潘似乎比十五歲的人更成熟，我們通常坐在校車後座吸菸，她教我如何吸真菸，如何把襯衫綁在腰間，如何擦口紅。她有一件皮外套，爸爸很少回家。

由上述各項自白可以清楚看出，老菸槍共同的性格。英國心理學者艾森克（Hans Eysenck）指出，老菸槍和不吸菸的人，性格差異非常明顯。他指出：

老菸槍個性外向，這種人社交能力強，喜歡聚會、朋友很多、需要和別人聊天。他愛熱鬧、願意冒險犯難，會根據一時的刺激採取行動，一般而言屬於衝動型人物。他喜歡不停走動和做事情，很容易發脾氣。他的喜怒形於色，也不是一直都很可靠。

艾森克的研究之後，針對老菸槍的研究不計其數。比起不吸菸的人，老菸槍性衝動較強，性方面也比較早熟；他們性需求較強，對異性的吸引力也比較大。以十九歲為例，不吸菸的白種女大學生中，一五％有過性經驗，但是吸菸的白種女大學生卻高達五五％，男性的相關比率差不多。在心理學者所謂的「反社會」指數，他們的排名較高：也就是說他們比較可能行為不檢，比較叛逆、旁若無人。他們能夠當機立斷，承擔較多的風險。比起不吸菸的家庭，吸菸家庭花費在咖啡的支出多出七三％，啤酒的支出更高出兩到三倍。

克勞（David Krogh）在《幹嘛要抽菸？》（*Smoking: The Artificial Passion*）中指出，心理學者有所謂的「謊言」測驗，其中夾有「我偶爾會說謊」或「我有時候對配偶很冷淡」這種陳述，如果受訪者一再否認這種陳述，證明他們不是一直都說實話。吸菸人口在這些測驗上比較誠實。克勞指出，「有個理論說，他們比較我行我素，也比較旁若無人，因此比較不在乎別人對他們的看法。」

當然，這些理論不適用所有吸菸人口，但做為預測吸菸行為的指標，卻頗為準確；菸抽得越兇的人，越符合上述行為模式。克勞寫道，「根據科學精神，我邀請讀者進行觀察，一邊是演員、搖滾樂歌手或美髮師，一邊是土木工程師、電工及電腦程式設計師，兩邊吸菸的情形差別很大。」以下是問卷另一種回應，吸菸者外向的個性可見一斑：

我年紀很小的時候，祖父是我周遭唯一吸菸的人。他像美國記者及小說家魯尼恩（Damon Runyon）筆下的人物，喜歡惡作劇。他小的時候從波蘭移民來美國，大半輩子都是玻璃工。我母親常說，她第一次和祖父共進晚餐時，擔心他會把桌巾抽掉，只留下餐盤、餐碗，逗大家開心。

匯集這些外向性格後，幾乎就是許多青少年形容的那種人：旁若無人、性早熟、坦率、衝動、不在乎別人的看法、只要喜歡，沒什麼不可以。半工半讀的瑪姬、校車上的潘及擁有 Grateful Dead 唱片的比利，都是酷斃的人物。但他們不是因為吸菸才酷，而是因為他們酷才吸菸。他們的叛逆、衝動、冒險犯難、不在乎別人看法及早熟，是他們受到同儕注目的主要原因，但是他們也不得不以最終極的手段，展現青少年叛逆的本質：那就是吸菸。這個觀點似乎很簡單，但是要了解吸菸大戰為什麼寸步難行，就得了解這個觀點。

過去十年來，反菸運動不斷指責菸草公司，把吸菸描述成酷哥酷妹會做的事情，也花了數百萬美元的政府預算，試圖說服青少年吸菸並不酷。但是他們弄錯對象了，**吸菸本身不酷，酷的是吸菸的人**。吸菸風潮靠著潘、比利、瑪姬這種人才會風起雲湧；就像密克羅尼西亞群島的自殺風潮、口耳相傳的風潮、愛滋病的流行風潮一樣，是靠著少年 R、葛爾，還有空服員杜加斯這種人帶動。這種風潮和其他流行趨勢一樣，靠的是非常少數的一群人在帶動。

菸癮定著的主因

不過，青少年吸菸風潮不僅說明少數原則，也適用於定著因素。絕大部分青少年是接觸其他青少年之後，才開始嘗試吸菸，這是個事實，但這個事實並不可怕。可怕的是許多青少年一直持續嘗試，直到最後難以自拔。吸菸的經驗令人難忘，有些人因此戒不掉，變成癮君子。

傳染和定著是兩個不同的概念，因為兩者遵循的模式不同，策略也不一樣。魏絲伯格是位具有感染力的人，她認識很多人，也隸屬許多圈子，她能夠同時以上千種方式傳遞一則消息或一個觀念。另一方面，偉門和《妙妙狗》的創辦人則是定著的專家：他們創造出來的訊息，可以令人難忘，也可以改變別人的態度。感染力主要是信差所發揮的功能，定著卻是訊息本身的資產。

吸菸也是一樣的情形。青少年是否會染上吸菸的習慣，端視他是否接觸這些推銷員，取得他們的「授權」。但是青少年是否喜歡吸菸，進而擺脫不掉，則另有一套判定的標準。密西根州立大學最近研究第一次吸菸時的感覺，研究人員之一龐莫盧（Ovide Pomerleau）說：「我們發現那些從此再也不碰菸的人跟癮君子的差別在於，癮君子在那次的經驗中，體會到茫茫然或飄飄然等甘多於苦的感受。」結果數字相當驚人，只吸過幾次菸的人，只有四分之一在第一次吸菸時出現「興奮」的感覺，曾經吸菸、後來又戒除的前癮君子，三分之一享受過這種茫茫然的感覺。吸菸、但是菸癮不大的人，約有半數記得自己吸第一根菸的感覺。但是在老菸槍中，七八%記得自己當初那種飄飄欲仙的感覺。換句話說，一個人吸菸是否會上癮，很大一部分得看他吸第一口菸的反應而定。

這一點很重要，在對抗菸害的戰爭中，卻經常被人忘記。菸草業者多年來一直否認尼古丁會讓人上癮，這個想法很離譜，但是反菸團體提出的觀點也一樣離譜：他們認定尼古丁是殺人不眨眼的工具，接觸它的人會淪為它的奴隸。事實上，尼古丁可能容易上癮，但是只有部分人士會上癮。曾經嘗試吸菸的青少年中，只有約三分之一會固定吸菸。更重要的是，縱使固定吸菸的人，上癮的程度也有深淺之別。

以前專家認定，九〇%到九五%的吸菸者都是老菸槍，但是幾年前，聯邦政府的健康調查以更精確的用字提出吸菸問題後，研究人員意外發現，五分之一的癮君子並不是每天吸菸。換句話說，數百萬美國人雖然吸菸，但是並沒有上癮。

過去幾年，專家們密集研究這些「消遣性」吸菸人口，其中大部分來自匹茲堡大學心理學者許佛曼（Saul Shiffman）的成果。許佛曼對「消遣性」吸菸人口的定義是，每天吸菸不超過五根，但每週至少吸菸四天。許佛曼寫道：

「消遣性」吸菸人口的吸菸習慣每天不同，有時候可以完全不吸菸。偶爾不吸菸，對他們不成問題；不吸菸時，他們幾乎沒有脫癮的徵狀。老菸槍每天起床後一定要補充隔夜失去的尼古丁，「消遣性」吸菸人口起床後幾個小時才需要吸菸。簡單來說，各種指標顯示，「消遣性」吸菸人口對尼古丁並沒有上癮，他們吸菸不是為了消除或避免脫癮時的各項徵狀。

許佛曼認為，「消遣性」吸菸人口和在社交場合喝酒的人一樣，兩者都能控制自己的習慣。他說：

這種人大部分不是老菸槍。我認為，原因在於他們菸癮發展遲緩。每個人最初都是「消遣性」吸菸，然後逐漸上癮。根據他們吸菸初期的資料，「消遣性」吸菸人口和其他人開始吸菸時一樣。但是假以時日，老菸槍癮頭越來越大，「消遣性」吸菸人口卻維持不變。

「消遣性」吸菸人口和老菸槍有何差別？很可能是遺傳因素。科羅拉多州大學的柯林斯（Allan Collins）最近研究不同品種老鼠對尼古丁的反應，並逐漸增加每隻老鼠注射的尼古丁劑量。老鼠一旦尼古丁中毒，就會病發、尾巴僵硬，然後在籠子內狂奔，頭部會猛拉而折斷，最後四腳朝天。柯林斯想了解，不同品種的老鼠是否可以接受不同劑量的尼古丁。結果發現最能接受尼古丁的老鼠，是接受劑量最低品種老鼠的兩到三倍。

柯林斯說，「這和吸收酒精的差異程度一樣。」他把所有老鼠放進籠子，給牠們兩瓶飲料：一種是糖精溶液，一種是摻有尼古丁的糖精溶液。這次他想了解，每個品種的老鼠被迫吸收和自願吸收的尼古丁劑量有何關聯。事實上，兩者幾乎存有絕對的關係。生理上越能吸收尼古丁的老鼠，牠喝的尼古丁飲料就越多。柯林斯認為，老鼠腦中有種基因，可以主導牠吸收尼古丁的過程，例如，中毒的程度、會產生多少快樂、能夠留下何種飄飄然的感覺。有些種類的老鼠體內的基因對尼古丁應付自如，也最快樂；有些老鼠的基因卻把尼古丁當成毒藥。

縱使老鼠大腦和人類大腦對吸菸的反應有類似，上述結論和龐莫盧的研究似乎也能吻合。但人類不是老鼠；在籠子裡從瓶子喝尼古丁，也不能和點燃一根萬寶路香菸相提並論。吸第一口菸後沒有飄飄然感覺的人，覺得吸菸不好玩，以後再也不吸菸，他們的身體可能對尼古丁敏感，無法吸收一絲一毫尼古丁。「消遣性」吸菸人口可以從尼古丁中找到樂趣，但是體內的基因無法處理大量尼古丁。老菸槍的基因也許可以吸收各種劑量的尼古丁，然而，基因不見得是癮君子吸菸多寡的唯一原因。尼古丁可以排遣無聊和壓力，因此處於無聊及壓力狀態下的人，吸菸的數量一定比較多。

簡單來說，一個人吸菸與否和他是否會上癮，完全是基於不同原因。因此，要找出反菸大戰的「引爆點」，就得確定要攻擊哪個部分才最有效。我們應該讓吸菸比較不具傳染性，阻止推銷員散播吸菸的病毒？或者我們應該讓吸菸比較難以定著，把所有吸菸人口都變成「消遣性質」？

環境力量來自同儕

我們先研究傳染性的問題，讓吸菸不再擴散的方法有兩種，第一是防範「授權者」吸菸，例如瑪姬及比利。這顯然是最難的方法，因為獨立、早熟、叛逆的青少年，幾乎不會接受理性的保健建議；有些人就是希望取得瑪姬或比利的「授權」，成為酷哥酷妹。

第二個方法就是說服這些年輕人另請高明，改向成年人取經。不過，這個方法也不簡單。事實上，恐怕比第一個方法更難，因為父母原本對子女就沒有那麼大的影響力。

當然，外界不太相信這種說法。父母一向認定，自己可以塑造子女的個性及行為。但是哈麗絲在《教養的假設》一書中指出，這種想法毫無根據。多年來，心理學者企圖了解父母對子女的影響有多深遠，因為父母把基因傳遞給後代，基因又可以決定我們的人格特質。父母在子女童年時會提供愛及情感，如果沒有情感的養分，子女將受到難以彌補的傷害。父母提供食物、住宅、保護及日常生活所需，子女才能感到安全、健康及幸福。以上還是容易的部分。緊張兮兮、毫無經驗的父母，或高高在上及能幹的父母，兩者對子女的個性是否有持續且不同的影響？家中書香滿溢，是否比較容易造就出求知欲旺盛的孩子？每天和子女相處兩個小時，而非八個小時，是否會影響子女的個性？

換句話說，我們在家中刻意打造的社會環境，是否真能影響子女日後的人格發展？從一連串精心設計的大型雙胞胎研究計畫（尤其是出生時即分開且分別撫養的雙胞胎），遺傳學者證實，友善、外向、緊張、心胸開闊等人格特質，大部分都是由基因及環境決定，比重各占一半；而且一般認定，影響最深遠的環境通常就是家庭。不過，問題是，心理學者千方百計，卻找不出後天養育的影響。

這類研究中規模最大、最嚴謹的研究是科羅拉多州領養計畫（Colorado Adoption Project）。七〇年代中期，科羅拉多州立大學一群研究人員，在全球首屈一指的行為遺傳學家普羅明（Robert Plomin）領導下，從丹佛地區找來兩百四十五位懷孕的婦女，她們準備把即將誕生的小寶寶交給別人領養。研究人員隨著這些孩子前往新家，定期為他們及養父母測驗性格及智力。為了比較，研究小組也為另外兩百四十五位父母及他們的親生子女進行同樣的測驗。

對照組的測驗結果和預期相去不遠，智力及個性方面，親生子女都很像他們的父母。但是在領養的子女方面，結果卻很奇怪。他們的得分和養父母完全不同：在個性及智力方面，這被領養的子女，和養他、為他穿衣吃飯、教他做人做事、愛他十六年的養父母的相似程度，就像街上隨便找來的兩名成年人一樣低。

仔細想想，這樣的結果頗令人意外。大部分人相信，我們和父母相像，除了遺傳之外，更重要的是後天的養育，父母照著本身的形象在教養我們。但若後天養育有其功用，為什麼養子女一點都不像養父母？科羅拉多州立大學的研究不是遺傳萬能論，也並非認定環境一點都不重要。反之，所有結果都強烈顯示，在塑造個性及智力方面，環境因素至少和遺傳因素並駕齊驅，甚至有過之無不及。話說回來，環境因素不見得和父母大有關係，而是另有其人，照哈麗絲的說法，其人就是同儕團體。

哈麗絲提出一個問題，為什麼移民的子女幾乎沒有父母的外國腔調？父母耳聾的子女為什麼仍然像父母身體健康的子女一樣，學起語言又快又好？答案是語言是後天學習的技巧，兒童向其他兒童學習語言，比起在家中學習語言，兩者一樣重要，前者甚至超越後者。同理，哈麗絲認為，從廣泛的角度來看，塑造孩子人格特質及個性的環境因素，就是他的同儕團體。

這項論點自然在媒體引起軒然大波，甚至引發法律爭議，要求釐清這項論點適用的對象及程度。不過可以確定的是，這項論點和青少年吸菸問題很有關聯。吸菸者的子女吸菸的比率，是父母不吸菸的青少年的兩倍以上，這個事實眾所皆知。但是，依照哈麗絲的邏輯，這不代表子女是在模仿吸菸的父母，只是吸菸者的子女從父母遺傳到基因，容易對尼古丁上癮，如此而已。

事實上，根據領養孩子的研究，由吸菸者撫養長大的兒童，和非吸菸者撫養長大的兒童，兩者後來吸菸的比率差不多。心理學者羅伊（David Rowe）一九九四年出版《家庭影響的限制》（*The Limits of Family Influence*），其中總結這方面的研究指出：「換句話說，被領養的兒童長大成人時，後天養育的差別幾乎不存在。父母的角色相當被動，他們提供一組和吸菸風險有關的核心基因，但是並未在社會行為上影響子女。」

對羅伊和哈麗絲來說，青少年染上吸菸習慣的過程，完全繫於同儕團體。青少年模仿的不是成年人的行為，因此，當成年人吸菸族逐漸減少之際，青少年吸菸比率卻逐漸攀升。青少年吸菸就是因為他們是青少年，彼此必須分享青春期的情緒經驗、特殊語言及儀式，對圈外人來說，就像密克羅尼西亞群島青少年自殺的儀式一樣令人費解，也一樣不可理喻。在這種情形下，成年人干預當然於事無補。哈麗絲得出結論，「告訴青少年吸菸有害健康，會讓你長皺紋！讓你性無能！讓你過勞死！這種作法不管用。這是成年人的文宣花樣、成年人的觀點。成年人不認同吸菸，因為吸菸代表危險及破壞形象，青少年反而想嘗試。」

找出真正的引爆點

如果壓制推銷員、干涉青少年的內心世界，都無法有效打擊吸菸行為，那麼從定著因素著手如何？但是由此處尋找引爆點的過程和之前的非常不一樣。前文曾經指出，部分實驗對象後來不吸菸，部分則變成老菸槍，原因在於人體忍受尼古丁的程度差異極大。在完美的想像世界中，老菸槍只要吃一顆藥丸，他們容忍尼古丁的程度就降到和「消遣性」吸菸族一樣，這種戒除吸菸習慣的方法豈不妙哉。可惜，目前還沒有這種藥丸，我們只有尼古丁貼布，緩慢注入定量尼古丁到吸菸者的體內，這樣他們就不必吸菸了。這種方式已經協助數百萬吸菸族戒菸，但仍不夠完美。

癮君子最過癮的事情莫過於「大吸一口」香菸，迅速補充高劑量的尼古丁，就像毒癮者不會以靜脈注射的方式施打海洛英：他們每天注射兩到四次，每次都注射很高的劑量。吸菸族也是大同小異，他們靠香菸提神，然後一陣子再來一根。尼古丁貼布雖然每天定量提供你所需的尼古丁，但是未免太無聊了。這種像利用「瘦得快」低脂奶昔對抗肥胖一樣，尼古丁貼布也無法成為打擊吸菸風潮的引爆點。那麼，還有什麼更好的點子呢？

我想到兩種方法，不妨一試。第一，最近發現吸菸及憂鬱之間有某種關係。研究人員於一九八六年分析明尼蘇達州的心理門診病患後發現，其中有半數吸菸，這個比率高於全國平均值。兩年後，哥倫比亞大學心理學者葛拉斯曼（Alexander Glassman）在另外一項研究中發現，他研究的老菸槍中，六〇％曾經罹患憂鬱症。他追查這項結果，並在一九九〇年的《美國醫學會雜誌》（*Journal of the American Medical Association*）期刊發表研究，研究對象是三千兩百名隨機採樣的成年人。當中曾經被診斷患有重大心理疾病的人中，七四％有一段時間曾經吸菸，一四％曾經戒菸。而從未被診斷有心理問題的人中，五三％曾經吸菸，三一％曾經戒菸成功。現代人的心理問題越來越多，和吸菸的相關性也越來越強。經常酗酒的人，八〇％吸菸；更有接近九〇％的思覺失調症患者吸菸。

一群英國心理學者的研究結果更令人不寒而慄，他們比較兩組十二歲到十五歲青少年的吸菸行為，一組有情緒及行為偏差的問題，一組則是在主流學校求學。問題青少年中，每週吸菸超過二十一根的人數約占一半，正常學生的比率只有一〇％。換句話說，整體吸菸率下滑，吸菸習慣會集中在社會上最悲情、最邊緣的成員。

許多理論說明，吸菸和情緒之間息息相關。首先，一個人容易染上吸菸習慣，原因包括自尊心低、家庭生活不健康或不快樂，這些也是一個人陷入憂鬱情緒的原因。更引人注目的是，根據初步證據顯示，這兩種問題可能緣自同一個遺傳因素。例如，憂鬱症至少部分是因為腦部特定化學物質出了問題，尤其是血清素、多巴胺、正腎上腺素等神經傳導物質。而樂復得（Zoloft）及百憂解（Prozac）等藥物，可以刺激腦部生產更多的血清素；換句話說，這些藥可以彌補部分憂鬱症患者缺乏的血清素。尼古丁可以彌補多巴胺和正腎上腺素。因此，簡單來說，吸菸者是以一種廉價的方式，治療自己的憂鬱，增加腦部所需的化學物質、恢復正常功能。曾經罹患精神科疾病的吸菸族如果戒菸，非常可能罹患憂鬱症。這種定著的習慣會反撲，吸菸族很難戒菸，原因不僅是他們對尼古丁已經上癮，也因為沒有尼古丁，他們的精神疾病可能會惡化。

這是一個冷酷的事實，但也顯示，香菸可能有致命的弱點：如果你能治癒吸菸族的憂鬱問題，也許就更容易戒除他們吸菸的習慣。八〇年代中期，葛蘭素（Glaxo Wellcome）製藥公司前身的研究人員，正在全美各地試驗一種抗憂鬱的新藥「普保平」（bupropion），結果竟然發現它對戒菸具有特效。公司心理部門主管莊士頓（Andrew Johnston）表示，他經常聽到病患說「我已經沒有吸菸的欲望了」、「我已經減少吸菸的量了」，或者「香菸的味道沒有以前那麼好了」。他說：「我的職務經常收到報告，我起初不太在意，但是類似的報告不斷湧進，就有點不尋常了。」

當時是一九八六年，學界還不太了解憂鬱和吸菸的關係，因此公司也一頭霧水。但是他們很快發現，普保平是一種尼古丁替代劑。莊士頓說：「尼古丁釋放的多巴胺會直接傳送到腦部的前額葉皮質，這是頭腦的快樂中心。這個部分和幸福感有關，而這又和吸菸密不可分，因此一般人很難戒菸。尼古丁也可以增加正腎上腺素，戒菸之後，就會缺乏正腎上腺素，感覺激動、焦躁。普保平有兩種功效，它可能增加你的多巴胺，讓吸菸族不會再想吸菸，它也可以替代正腎上腺素，讓你不會產生激動情緒，也沒有退癮的徵狀。」

葛蘭素提供這種目前名為「耐菸盼」（Zyban）的新藥，給每天至少抽十五根香菸的老菸槍實驗，成效驚人。研究發現，參加戒菸輔導及注射安慰劑的老菸槍，二三%在四週後戒菸成功。而參加戒菸輔導再加上尼古丁貼布的這一組，三六%在四週後戒菸成功。至於服用「耐菸盼」及加上尼古丁貼布的老菸槍，成功戒菸的比率高達四九%，一個月後戒菸的比率更達到五八%。樂復得和百憂解在戒菸方面似乎幫不上忙。換句話說，這兩種藥物不像尼古丁，能夠提振病患的情緒，只有耐菸盼做到了。但這不代表耐菸盼已經十全十美了，它和其他戒菸手段一樣，對最嚴重的老菸槍效果最差。只是目前為止的成果證明，人類可以在戒菸方面找到引爆點：**只要鎖定憂鬱症，就能打破人類對香菸難以自拔的魔障**。

我們回顧青少年時開始吸菸的情景，就可以看到第二個有關定著的引爆點。青少年最初開始吸菸只是嘗試一下，他們全都是「消遣」性質，偶爾抽一根。大部分青少年很快就不再吸菸，少數人多年後仍然繼續「消遣性」吸菸，但是都不會上癮。只有三分之一成為真正的吸菸族。有趣的是，這三分之一青少年竟然得花三年，才從「消遣性」吸菸變成真正的吸菸族，大約是從十五歲到十八歲，接下來五到七年，癮頭越來越大。加州大學舊金山校區尼古丁專家班諾威茲（Neal Benowitz）說：「高中時代就固定吸菸的人，也不會每天一包，大概要到二十歲，他們的癮頭才會這麼大。」

簡單來說，尼古丁上癮不是一朝一夕的事情。大部分成癮都要一段時間，十五歲開始吸菸的青少年，不見得一定會成為癮君子，還有三年的時間可以挽回。再者，尼古丁上癮也不是一個直線現象：假設你每天抽一根菸，代表有點上癮；每天兩根代表你的癮頭比較大；每天抽十根香菸，代表你的癮頭是第一個人的十倍。反之，吸菸上癮也有一個類似門檻的引爆點，如果吸菸的數量低於這個門檻，代表你根本沒有上癮，一旦超過這個神奇數字，你一定上癮了。由此更可以證明「消遣性」吸菸族的存在，因為他們每天吸菸的數量根本還沒有達到門檻，反之，老菸槍就已經跨過這個門檻了。

吸菸上癮的門檻是什麼？一般人很難相信每個人都適用一樣的門檻。班諾威茲和韓寧費德（Jack Henningfield）是全球一流的尼古丁專家，他們倒是提出了專家的估計值。「消遣性」吸菸族每天可以抽五根香菸，而不會上癮。五根香菸約含有四到六毫克的尼古丁，換句話說，這種劑量可能很接近門檻。韓寧費德和班諾威茲的意思是，可以要求菸草公司降低香菸內尼古丁的含量，縱使每天抽三十根香菸的老菸槍，在二十四小時內吸入的尼古丁也不會超過五毫克。

他們在《新英格蘭醫學期刊》（*New England Journal of Medicine*）發表專文指出，這種含量「應該足以防範或限制大部分年輕人對香菸上癮。同時，又提供充分的尼古丁、口感和感官刺激。」換句話說，無論基於何種理由——習慣會傳染、酷哥酷妹都吸菸，或者他們就是喜歡——青少年可以繼續嘗試香菸。並且由於香菸的尼古丁含量已經降到門檻以下，吸菸不會上癮。如此一來，吸菸比較不像流行型感冒，而比較像是普通感冒：來得快，去得快。

我們應該一視同仁地看待這兩個定著因素。到目前為止，反菸害運動的主要訴求是，提高香菸價格、限制香菸廣告、在廣播及電視頻道播放公共衛生廣告、限制青少年取得香菸的管道、灌輸學童菸害知識，但是如此大張旗鼓、看似無懈可擊的運動，卻擋不住青少年的吸菸風潮。一般大眾改變對香菸的看法，雖然令人心喜，但是我們還無法打動最需要改變看法的青少年。

我們一心想阻絕吸菸推銷員的影響力，但實際上，他們的影響力越來越阻擋不了。簡單來說，我們似乎認為，自己須畢其功於一役，一次解決所有問題。但是實際上我們不必太大費周章，只需找出定著的引爆點就萬事OK。它們分別是憂鬱的情緒及尼古丁的門檻。

定著策略第二個教訓是我們必須更理性地面對青少年嘗試吸菸的行為。以嚴肅的態度打擊毒品，是基於一個前提：嘗試就等於上癮。我們不希望子女嘗試海洛英、大麻或古柯鹼，因為我們認定，這些毒品的誘惑相當強烈，只要沾上一丁點就會上癮。但是你知道美國人私下嘗試毒品的統計數字嗎？一九九六年一項濫用藥的調查中發現，一・一%的受訪者表示曾經使用過海洛英。這些人當中，只有一八%是在過去一年內使用海洛英，過去一個月曾使用海洛英的比率只有九%。這不是最容易上癮的毒品，古柯鹼的統計數字更令人震撼。曾經嘗試古柯鹼的受訪者中，只有〇・九%固定施打古柯鹼，比例不到一%。

根據這統計數字，「嘗試」和「上癮」是兩碼事，一個人會受到影響而使用毒品，但是不代表他會上癮。事實上，曾經嘗試古柯鹼的人告訴我們，青少年想要冒險犯難的念頭相當普遍。人不輕狂枉少年，青少年以這種方式了解世界，在嘗試古柯鹼的青少年中，九九・一%的案例並沒有造成不良的後果。我們必須接受，甚至接納這種現象。青少年永遠對瑪姬、比利及潘這種人敬若神明，這也是他們的天性；唯有如此才能走出狂飆的青春期，走出叛逆、野蠻及不負責任的生活方式。我們與其壓制他們嘗試新事物的行為，不如確保這嘗試行為不會產生後遺症。

本章之初曾引述魯賓斯坦的一段話，我認為值得再次重申。這段話在說明自殺已經成為密克羅尼西亞群島青少年文化中根深柢固的一部分。

部分自殺未遂的年輕男孩表示，他們早在八或十歲時就看過或聽過自殺事件。他們自殺是出於模仿或實驗的性質。一個十一歲的男孩在家中上吊，被人發現時已經不省人事，舌頭都已經伸出來。他後來解釋，自己想「試試看」上吊的滋味，他說，他不想死。

這個事件的悲哀不在於這些小男孩的嘗試行為。小男孩的本性就是去嘗試各種事物。悲哀的是，他們嘗試的是不能嘗試的事物。可惜，自殺不會有更安全的方式，因此，我們救不了密克羅尼西亞群島的青少年。但是，的確存有更安全的吸菸方式，只要注意上癮過程中的引爆點，我們可以找出更安全、更不會上癮的吸菸方式。

本章參考資訊

＊密克羅尼西亞群島的文獻資料庫：www.micsem.org/home.htm。

＊哈佛大學經濟學者威斯古希的著作《吸菸：執意冒險》（*Smoking: Making the Risky Decision*, 1992），研究吸菸者對吸菸危害的認知。

＊社會學者菲力普斯針對自殺的研究，發表於《美國社會學評論》（*American Sociological Review*）以及《美國社會學雜誌》（*American Journal of Sociology*）雙月刊。

結論

掌握關鍵，引爆風潮

Conclusion

看看周遭的世界，別以為它冷酷無情，其實不然。
只要看準位置，彈指之力也能扭轉乾坤。

不久前，護士珊德勒（Georgia Sadler）發起一項運動，在聖地牙哥黑人社區教導居民認識及注意糖尿病和乳癌。她為了建立預防體系，開始在市內黑人教堂籌設研討會，不過，成效並不理想。「教堂有兩百人左右，但是只有二十人願意留下來參與研討會，願意留下來的人，已經非常了解這些疾病，他們只是希望多知道一些。總之，令人非常失望。」珊德勒沒有辦法讓她的訊息傳遞給這個小團體以外的人。

她明白自己需要新的環境。她說：「我猜一般人在做完禮拜後已經又累又餓，大家的日子都很忙，希望早點回家休息。」她需要一個場地，讓婦女們能夠放鬆心情，接納新觀念，也有時間及機會聽到新事物。她也需要一位新的信差，結合連結者、推銷員及市場專家的角色。她需要以新的方式傳遞訊息，讓聽眾永遠記住。但是她從基金會和籌款組織募得的資金非常有限，因此，各項改變不能花費太多。她的解決之道為何？就是把活動從黑人教堂搬到美髮院。

珊德勒說：「美髮院的客戶哪裡也去不了，只好老老實實當聽眾，這些婦女待在美髮院的時間至少兩個小時，如果要編辮子，更可能長達八個小時。」美髮師和客戶之間存有一種特殊關係。「若你找到能夠幫你做頭髮的師傅，你會願意開上一哩的車，光顧這家店。美髮師是你的朋友，從你高中畢業、結婚、第一個孩子落地，彼此的關係可以追溯到很久以前，而且互相信任。你對美髮師真的可以說是推心置腹。」美髮師這一行也吸引性格特殊的人，他們很能和別人交朋友，而且三教九流認識很多人。「他們是天生的哈拉高手，」珊德勒說，「他們喜歡聊天，也非常直截了當，因為他們隨時得注意你的情況。」

她找來一群美髮師，接受一系列訓練課程。她也找到一位民俗學家，幫忙指點這些美髮師，如何引起別人的興趣，傳播有關乳癌的資訊。珊德勒說：「我們希望藉助傳統的溝通方式，不要把教室那一套搬過來。我們希望婦女朋友願意和我們一起分享這些知識，也願意和她們的親朋好友分享。還有什麼比聽故事更容易獲得知識？」

珊德勒不斷提供有關乳癌的新資訊、花邊新聞和話題，每次客戶回到美髮院，美髮師會從新的角度切入，聊到相關的話題。她以大寫印刷字體寫出素材，放在資料夾內，以免在兵荒馬亂的美髮院會遺失。她也會評估計畫的得失，了解哪些材料管用、婦女是否會接受乳房及糖尿病檢查，後來證明她的計畫的確發揮效果，小小動作的確會改變很多。

本書介紹許多故事，從紐約市的打擊犯罪，到哥倫比亞唱片公司偉門的尋寶廣告，都有一點共通之處——他們都不會大張旗鼓。珊德勒不會到國家防癌中心或加州衛生署，要求上百萬美元的經費，大搞一些複雜的多媒體廣告、教育一般大眾。她也沒有在聖地牙哥挨家挨戶拜訪婦女，請求她們參加免費乳房檢查。她更沒有在電子媒體上聲嘶力竭地大聲呼籲婦女要自我預防及檢查。她只是量入為出，讓一塊錢經費發揮一塊錢的效果。她改變了訊息的環境，改變了信差，甚至改變了訊息的內容：她只是鎖定目標，埋頭苦幹。

這是引爆點第一個要件。**掀起一股風潮必須集中資源，全部投入少數幾個關鍵領域**。根據少數原則，連接者、市場專家及推銷員都是口耳相傳風潮的推手，因此，資源必須集中在這三個團體，其他人都不重要。告訴陶氏，英軍要打來了，對新英格蘭地區的殖民人士毫無助益。但是告訴李佛這個消息，卻是勝敗一線之隔。《妙妙狗》的創辦人開發出一個精密的電視節目，雖然只有半個小時，但深受兒童喜愛。他們發現，只讓兒童看一次，他們記不住也學不會該記、該學的教學內容。因此，他們做出電視史上的創舉，連續五天播放同一集節目。珊德勒壓根不想一口氣就接觸到聖地牙哥的所有女性，她利用既有資源，投入關鍵的場合——美髮院。

有人批評，這些鎖定少數目標的干預行徑，只是頭痛醫頭的OK繃。不過，我們不該把這種說法視為貶抑之詞。OK繃價廉物美，既唾手可得，又可解決不同問題。OK繃發明迄今，恐怕已經幫過好幾百萬人，讓他們能夠馬上繼續工作、遊戲、打網球、烹飪或者走路。花最少的力氣、時間及成本，就能解決問題，OK繃應該是最好的藥方。可惜，所有人都以為，真正的答案應該相當複雜，也認定應該堅持到底和一視同仁；更相信穩紮穩打才會獲得最後的勝利，因此，本能上就看不起OK繃式的解決之道。問題在於，任何事都無法永遠一視同仁。有時候我們需要簡單行事、走捷徑，小動作就有大轉變，這就是本書的主旨。

我們必須顛覆以往看待這個世界的模式，才能了解引爆點的理論。本書花費很大篇幅，討論我們和新資訊之間及彼此之間的關係本質。數字經過多次乘冪後的大變化，令我們難以估算。我們也看不出來，一張紙折疊五十次後，厚度相當於地球到太陽。無論是我們能夠辨識的認知範圍、真正深愛的人，或者真正認識的泛泛之交，都有數量上的限制。以抽象方式提出的問題，我們往往會舉手投降；但同一個問題以社會困境的形態出現，我們只需舉手之勞就能解決。凡此種種都顯示人類心智獨特的一面，似乎顯示我們處理、溝通及傳遞資訊的方式相當直接及透明，其實不然，只能以混沌不明來形容。

《芝麻街》和《妙妙狗》節目成功，很重要的原因是他們的作法隱晦不明。誰會事先知道，大鳥和成年人的角色必須在同一個背景上？誰能未卜先知，預見工廠員工從一百人增加到一百五十人時沒事，但是從一百五十人擴大為兩百人時，問題可就大了？我提出電話號碼簿的測驗，我不太確定有人會猜出最高分超過一百分，最低不到十分。我們都了解一樣米養百樣人，不過，恐怕也想不到差別會那麼大吧！

我們希望世界照著我們的直覺運轉，但是世界偏偏不要，這是引爆點第二個課題。能夠成功掀起社會風潮的人，不僅去做他們認為正確的事情，他們更故意試驗自己的直覺。要不是「分心器」提出證據，告訴《芝麻街》的製作群，他們有關虛幻和真實的直覺不正確，《芝麻街》今天只是電視史上一個被人遺忘的註腳。大家原本認為，偉門的金盒廣告是個餿主意，事後卻證明它比傳統廣告有效太多。沒有人理會珍諾維絲小姐的求救聲，似乎是再清楚不過的冷淡案例，直到心理實驗證明環境的力量。要了解社會流行風潮，就得先認清人類溝通的原則相當異常，也違反直覺。

成功的流行趨勢下，必須是根深柢固的信念：**我們可以改變現狀；只要給予正確的刺激，人類可以大幅扭轉本身的行為及想法**。我們對自己有些定見，人與人彼此之間也有若干定見，部分定見卻和上述信念背道而馳；例如，我們認為自己能夠自律、有自己的主張，我們的身分及行為都受到本身基因及人格性質的影響。不過，從推銷員和連結者的案例、李佛夜奔和《妙妙狗》、一百五十原則、紐約地鐵清除塗鴉及「基本屬性偏誤」等因素綜合來看，對人類的定義又有截然不同結論。實際上，環境、周遭背景，甚至親友的性格，對我們都影響甚鉅。

清除紐約地鐵的塗鴉後，紐約人變得更善良。告訴神學院學生他已經遲到了，卻使他們對苦難視若無睹。密克羅尼西亞群島一個深具魅力的年輕人自殺，竟然引發一場長達十年的自殺潮。哥倫比亞唱片公司只不過在平面廣告的角落加上一個小金盒，郵購唱片就變成凡人擋不住的熱潮。仔細檢視吸菸、自殺或犯罪等複雜的行為就可以了解，我們的見聞其實影響我們很深、我們對日常生活的細微末節其實非常敏感。也因此，社會變遷是起伏不定的趨勢，而且經常神祕難解，因為所有人的本質就是起伏不定和神祕難解。

在引爆點的世界中，縱使困難重重或起伏不定，它也存有很大的希望。只要調整團體的大小，我們可以大幅提升團體接納新知的程度。只要修改傳達訊息的方式，我們可以明顯改善訊息的定著程度。只要找到少數掌握社會權力的特異人士，我們就能塑造一股社會風潮。最後，引爆點是再度肯定那股改變現狀的潛力，以及手腦並用的力量。看看周遭的世界，別以為它冷酷無情，其實不然。只要看準位置，舉手之勞也能異軍突起。

葛拉威爾作品集6

引爆趨勢：小改變如何引發大流行(全球暢銷20週年典藏精裝版)

作　　者—麥爾坎．葛拉威爾 Malcolm Gladwell
譯　　者—齊思賢
主　　編—陳家仁
編　　輯—黃凱怡
企劃編輯—藍秋惠
美術設計—陳恩安
第一編輯部總編輯—胡金倫
董 事 長—趙政岷
出 版 者—時報文化出版企業股份有限公司
108019 台北市和平西路三段 240 號 4 樓
發行專線—(02)2306-6842
讀者服務專線—0800-231-705・(02)2304-7103
讀者服務傳真—(02)2304-6858
郵撥—19344724 時報文化出版公司
信箱—10899 臺北華江橋郵局第 99 信箱
時報悅讀網—http://www.readingtimes.com.tw
法律顧問—理律法律事務所 陳長文律師、李念祖律師
印刷—家佑印刷有限公司
初版一刷—2008 年 8 月 16 日
五版一刷—2020 年 4 月 10 日
五版三刷—2023 年 2 月 9 日
定價—新台幣 420 元
（缺頁或破損的書，請寄回更換）

時報文化出版公司成立於一九七五年，
並於一九九九年股票上櫃公開發行，於二〇〇八年脫離中時集團非屬旺中，
以「尊重智慧與創意的文化事業」爲信念。

引爆趨勢：小改變如何引發大流行 / 麥爾坎．葛拉威爾 (Malcolm Gladwell) 著；齊思賢譯 . -- 五版 . -- 臺北市：時報文化, 2020.04
272 面； 14.8×21 公分 . -- (葛拉威爾作品集 6)
全球暢銷 20 週年典藏精裝版

譯自 : The tipping point : how little things can make a big difference

ISBN 978-957-13-8145-9(精裝)

1. 社會心理學

541.7　　109003156

ISBN 978-957-13-8145-9
Printed in Taiwan